**Kauderwelsch**
**Band 14**

Foto: © Wong Chi Chiu, fotolia.com

An der Chinesischen Mauer

# Impressum

Marie-Luise Latsch & Helmut Forster-Latsch
**Hochchinesisch — Wort für Wort**
erschienen im Reise Know-How Verlag Peter Rump GmbH
Osnabrücker Str. 79, D-33649 Bielefeld
info@reise-know-how.de

© Reise Know-How Verlag Peter Rump GmbH
13. neu bearbeitete und verbesserte Auflage 2015
Konzeption, Gliederung, Layout und Umschlagklappen
wurden speziell für die Reihe „Kauderwelsch" entwickelt
und sind urheberrechtlich geschützt.
Alle Rechte vorbehalten.

| | |
|---|---|
| *Bearbeitung* | Josef Overberg, Claudia Schmidt |
| *Layout* | Elfi H. M. Gilissen |
| *Layout-Konzept* | Günter Pawlak, FaktorZwo! Bielefeld |
| *Umschlag* | Peter Rump (Titelfoto: Helmut Hermann) |
| *Kartographie* | Thomas Buri |
| *Fotos* | Fotos: S. 53, 60, 79, 81, 108 © Helmut Forster, S. 59, 71 © Mesum Verma (www.mesumphoto.com), sonst: siehe Nachweis am Bild; Zeichnungen: Doris Hauser |
| *Druck und Bindung* | Werbedruck GmbH Horst Schreckhase, Spangenberg |

**ISBN: 978-3-8317-6444-0**
Printed in Germany

Dieses Buch ist erhältlich in jeder Buchhandlung der BRD,
Österreichs, der Schweiz und der Beneluxländer. Bitte informie-
ren Sie Ihren Buchhändler über folgende Bezugsadressen:

| | |
|---|---|
| *BRD* | Prolit GmbH, Postfach 9, 35461 Fernwald (Annerod) sowie alle Barsortimente |
| *Schweiz* | AVA-buch 2000, Postfach 27, CH-8910 Affoltern |
| *Österreich* | Mohr Morawa Buchvertrieb GmbH, Sulzengasse 2, A-1230 Wien |
| *Belgien & Niederlande* | Willems Adventure, www.willemsadventure.nl |
| *direkt* | Wer im Buchhandel kein Glück hat, bekommt unsere Bücher zuzüglich Porto- und Verpackungskosten auch direkt über unseren Internet-Shop: **www.reise-know-how.de** |

Zu diesem Buch ist ein **AusspracheTrainer** erhältlich, als
**MP3-Download** unter www.reise-know-how.de oder
auf **Audio-CD** in jeder Buchhandlung Deutschlands,
Österreichs, der Schweiz und der Benelux-Staaten.

Der Verlag möchte die **Reihe Kauderwelsch** weiter ausbauen
und **sucht Autoren!** Mehr Informationen finden Sie unter
**www.reise-know-how.de/verlag/mitarbeit**

**Kauderwelsch**

Marie-Luise Latsch
&
Helmut Forster-Latsch

# Hochchinesisch *Wort für Wort*

一路顺风

Yí-lù shùn-fēng!
Gute Reise!

REISE KNOW-HOW
im Internet
**www.reise-know-how.de**
**info@reise-know-how.de**

# Kauderwelsch-Sprachführer sind anders!

**W**arum? Weil sie Sie in die Lage versetzen, wirklich zu sprechen und die Leute zu verstehen.

Wie wird das gemacht? Abgesehen von dem, was jedes Sprachbuch bietet, nämlich Vokabeln, Beispielsätze etc., zeichnen sich die Bände der Kauderwelsch-Reihe durch folgende Besonderheiten aus:

Die **Grammatik** wird in einfacher Sprache so weit erklärt, dass es möglich wird, ohne viel Paukerei mit dem Sprechen zu beginnen, wenn auch nicht gerade druckreif.

Alle Beispielsätze werden doppelt ins Deutsche übertragen: zum einen **Wort-für-Wort,** zum anderen in „ordentliches" Hochdeutsch. So wird das fremde Sprachsystem sehr gut durchschaubar. Denn in einer fremden Sprache unterscheiden sich z. B. Satzbau und Ausdrucksweise recht stark vom Deutschen. Ohne diese Übersetzungsart ist es so gut wie unmöglich, schnell einzelne Wörter in einem Satz auszutauschen.

Die **Autorinnen** und **Autoren** der Reihe sind Globetrotter, die die Sprache im Land selbst gelernt haben. Sie wissen daher genau, wie und was die Leute auf der Straße sprechen. Deren Ausdrucksweise ist nämlich häufig viel einfacher und direkter als z. B. die Sprache der Literatur oder des Fernsehens.

Besonders wichtig sind im Reiseland **Körpersprache, Gesten, Zeichen** und **Verhaltensregeln,** ohne die auch Sprachkundige kaum mit Menschen in guten Kontakt kommen. In allen Bänden der Kauderwelsch-Reihe wird darum besonders auf diese Art der nonverbalen Kommunikation eingegangen.

**Kauderwelsch-Sprachführer sind keine Lehrbücher, aber viel mehr als traditionelle Sprachführer!** Wenn Sie ein wenig Zeit investieren und einige Vokabeln lernen, werden Sie mit ihrer Hilfe in kürzester Zeit schon Informationen bekommen und Erfahrungen machen, die „sprachlosen" Reisenden verborgen bleiben.

# Inhalt

## Grammatik

## Konversation

# Inhalt

## Anhang

Foto: © Stephan Karg, fotolia.com

Skyline von Shanghai

## Vorwort

**S**eit der ersten Auflage des Kauderwelsches „Hochchinesisch" sind viele Jahre verstrichen. In der Zwischenzeit hat sich in der Volksrepublik China in nahezu jederlei Hinsicht viel geändert. Im Land sind gesellschaftliche und kulturelle Umbrüche auszumachen, und das schlägt sich auch auf das Reisen im Land nieder. Was den sprachlichen Aspekt betrifft, hat sich eine Menge umgebildet.

Der vorliegende Kauderwelsch-Band „Hochchinesisch – Wort für Wort" ist geschrieben für einen Aufenthalt in der Volksrepublik China, kann aber auch – mit Einschränkungen – auf Taiwan oder in Singapur (überall wo Hochchinesisch gesprochen oder verstanden wird) benutzt werden. Das trifft auch auf Hongkong zu. Dort wird zwar der Kanton-Dialekt gesprochen, aber zumindest ein wenig Hochchinesisch wird häufig verstanden und gesprochen, manchmal sogar besser als Englisch!

Uns ging es im vorliegenden Kauderwelsch-Band darum, für Reisen in China eine brauchbare Hilfe zu vermitteln, zum raschen Zurechtfinden, zur sprachlichen Orientierung. Wir hoffen, dass dies gelungen ist.

Marie-Luise Latsch
& Helmut Forster-Latsch

## Hinweise zur Benutzung

Dieser Kauderwelsch-Band ist in drei wichtige Abschnitte gegliedert: Grammatik, Konversation und Vokabeln.

Die **Grammatik** beschränkt sich auf das Wesentliche und ist so einfach gehalten wie möglich. Deshalb sind auch nicht sämtliche Ausnahmen und Unregelmäßigkeiten erklärt. Natürlich kann man die Grammatik auch überspringen und sofort mit dem Konversationsteil beginnen. Wenn Fragen auftauchen, kann man immer noch in der Grammatik nachsehen.

*Wer nach der Lektüre gerne noch tiefer in die Grammatik der chinesischen Sprache einsteigen möchte, findet im Anhang eine Bücherliste mit weiterführenden Lehrbüchern.*

In der **Konversation** finden Sie Sätze aus dem Alltagsgespräch, die Ihnen einen ersten Eindruck davon vermitteln sollen, wie die chinesische Sprache „funktioniert" und die Sie auf das vorbereiten sollen, was Sie später in China hören werden.

Mit Hilfe der **Wort-für-Wort-Übersetzung** können Sie bald eigene Sätze bilden. Sie können die Beispielsätze als Fundus von Satzschablonen und -mustern benutzen. Mit einem kleinen bisschen Kreativität und Mut können Sie sich daraus neue Sätze „zusammenbauen", auch wenn das Ergebnis grammatikalisch nicht immer perfekt ausfällt.

Die **Wörterlisten** am Ende des Buches helfen Ihnen dabei. Sie enthalten einen Grundwortschatz von ca. 1000 Wörtern, mit denen man schon eine ganze Menge anfangen kann.

Jede Sprache hat ein typisches Satzbau-
muster. Um die sich vom Deutschen unter-
scheidende Wortfolge chinesischer Sätze zu
verstehen, ist die Wort-für-Wort-Übersetzung
in kursiver Schrift gedacht. Jedem chinesi-
schen Wort entspricht ein Wort in der Wort-
für-Wort-Übersetzung. Wird ein chinesisches
Wort im Deutschen durch zwei Wörter über-
setzt, werden diese zwei Wörter in der Wort-
für-Wort-Übersetzung mit einem Bindestrich
verbunden:

我学中文.
**Wǒ xué zhōng-wén.**
wo chüä dshung-wén
*ich lernen chinesisch-Sprache*
Ich lerne Chinesisch.

我是德国人.
**Wǒ shì déguó-rén.**
wo schï déguo-shén
*ich sein Deutschland-Mensch*
Ich bin Deutsche(r).

*Viele Wörter bestehen
im Chinesischen aus
mehreren bedeutungs-
tragenden Silben.
Da die Wort-für-Wort-
Übersetzung in vielen
Fällen zu unübersicht-
lich würde, sind nur
diejenigen Silben
übersetzt, die auch
allein stehend einen
Sinn ergeben!*

Werden in einem Satz mehrere Wörter ange-
geben, die man untereinander austauschen
kann, steht ein Schrägstrich zwischen diesen:

我是奥地利人/瑞士人
**Wǒ shì àodìlì-rén / ruìshì-rén.**
wo schï audili-shén / shuischi-shén
*ich sein Österreich-Mensch / Schweiz-Mensch*
Ich bin Österreicher(in) / Schweizer(in).

Die **Umschlagklappen** helfen, die wichtigsten Sätze und Formulierungen stets parat zu haben. Hier finden sich außerdem die wichtigsten Angaben zur Aussprache und die Abkürzungen, die in der Wort-für-Wort-Übersetzung und in den Wörterlisten verwendet werden; weiterhin eine kleine Liste der wichtigsten Fragewörter sowie Orts- und Richtungsangaben. Wer ist nicht schon einmal aufgrund missverstandener Gesten im fremden Land auf die falsche Fährte gelockt worden?

Aufgeklappt ist der Umschlag eine wesentliche Erleichterung, da nun die gewünschte Satzkonstruktion mit dem entsprechenden Vokabular aus den einzelnen Kapiteln kombiniert werden kann.

Wenn alles nicht mehr weiterhilft, dann ist vielleicht das Kapitel „Nichts verstanden? – Weiterlernen!" der richtige Tipp. Es befindet sich ebenfalls im Umschlag, stets bereit, mit der richtigen Formulierung für z. B. „Ich verstehe leider nicht." oder „Können Sie das bitte wiederholen?" auszuhelfen.

**Seitenzahlen**
*Um Ihnen den Umgang mit den Zahlen zu erleichtern, wird auf jeder Seite die Seitenzahl auch in Chinesisch angegeben!*

# Das Chinesische

**C**hinesisch ist nach dem Englischen die am meisten gesprochene Sprache der Welt. Von der Zahl der Muttersprachler her betrachtet, liegt es sicherlich an erster Stelle. Von den rund 1,3 Milliarden Bewohnern der Volksrepublik China sind über 90% Muttersprachler eines der verschiedenen Dialekte.

Die meisten Sprecher hat sicherlich das Hochchinesische mit schätzungsweise 900 Millionen Muttersprachlern, gefolgt von den Wu-Dialekten um Shanghai (ca. 90 Mio) und dem Kantonesischen (ca. 80 Mio).

Hochchinesisch ist die offizielle Sprache in der Volksrepublik China, in der Republik China (Taiwan) sowie in Singapur. Gesprochen wird es auch in Malaysia und in Hongkong (mit Einschränkungen). Auch in Indonesien, Burma und Thailand und in den USA gibt es starke chinesische Minderheiten.

Das Hochchinesische basiert auf den nordchinesischen Dialekten um Peking. Es wird in der VR China als Pǔtōnghuà 普通话 („Standardchinesisch") bezeichnet, auf Taiwan heißt es Guóyǔ 国语, in Malaysia und Singapur Huáyǔ 华语 Die Sprache wird seit den 50er Jahren in der VR China in allen Schulen unterrichtet, so dass vor allem Jüngere neben ihrem jeweiligen Dialekt auch das Hochchinesische beherrschen.

# Das Chinesische

Die chinesische Sprache wird in China auch Zhōngwén 中文 und Zhōngguó huà 中国话 oder Hànyǔ 汉语 genannt.

Hànyǔ ist auf Deutsch die „Sprache des Han-Volkes". Die Han sind die „eigentlichen Chinesen", sie stellen mit circa 1,2 Milliarden Menschen die größte Nationalität im Vielvölkerstaat China dar. Unter den anderen 55 Nationalitäten finden sich etwa die Tibeter, die Mongolen, die Uiguren, die Hui und andere.

Die Namen Hànyǔ, Zhōngwén, Pǔtōnghuà können praktisch synonym benutzt werden. Mandarin (Guānhuà 官话, „Beamtensprache") ist eine vor allem eine außerhalb Chinas gebräuchliche Bezeichnung für das Hochchinesische. Innerhalb der VR China ist es auch in allen sogenannten Minderheitengebieten wie Tibet, der Inneren Mongolei, Xinjiang etc. offizielle Amtssprache und wird dort auch von den dort lebenden Völkern zunehmend gebraucht und verstanden.

Neben dem Hochchinesischen, dem Mandarin, gibt es noch sieben weitere große Dialektgruppen, die sich vor allem in Aussprache und Wortschaft beträchtlich unterscheiden, so dass man bei einigen Dialekten durchaus von einer eigenen Sprache sprechen könnte. Ein Pekinger etwa kann einen Kantonesen praktisch nicht verstehen und umgekehrt. Das einende Band ist die Schrift: die chinesischen Schriftzeichen werden für alle Dialekte benutzt.

**Chinesische Dialekte**

1000 km

Nord-Mandarin

Japan

Beijing

Korea

V R C H I N A

Andere Sprachen

Nordwest-Mandarin

3 · Shanghai

1 Süd-Min
2 Hakka
3 Xia-Jiang-Mandarin
4 Süd Wu
5 Nord-Min
6 Nord-Wu
7 Gan
8 Kantonesisch
9 Neu-Xiang
10 Alt-Xiang
11 Nordwest-Mandarin

11

Südwest-Mandarin

9 2 · 4

2 10 · 7 · 5

Taiwan

2 · 2 · 1 1 · 1 1

2 · 1 · 8 · 8 · 2 Hongkong

6

Südchinesisches Meer

2 · 1 Hainan

In und um Hongkong (hochchinesisch: Xiānggǎng 香港) und Kanton (hochchinesisch: Guǎngzhōu 广州) wird fast ausschließlich Kantonesisch gesprochen. Vor allem in Hongkong kann es passieren, dass etwa ein Taxifahrer Hochchinesisch nicht versteht, dann muss man die ihm die Schriftzeichen des Ortes, wo man hin möchte, zeigen, oder falls möglich, aufs Englische ausweichen.

Oft hört man von Chinesen in China, dass das Chinesische keine Grammatik habe. Das stimmt natürlich nicht. Gemeint ist damit aber, das die chinesische Sprache keine Beugung von Verben, Hauptwörtern, Fürwörtern und Adjektiven kennt, also keine Grammatik wie im Deutschen, Englischen etc. Das macht es Anfängern relativ einfach, schnell eigene Sätze zu formulieren. Es gibt natürlich auch eine „höhere" Grammatik.

Für uns „Langnasen", wie Europäer und Amerikaner in China oft genannt werden (eigentlich dà bízi 大鼻子 – große Nase), stellen sicherlich die vielen chinesischen Schriftzeichen, will man Chinesisch richtig lernen, eine der größten Hürden dar.

Die zweite große Hürde für uns sind die Töne. Die chinesische Sprache hat nur eine sehr begrenzte Anzahl von Silben, insgesamt 411. Die meisten bestehen aus einem Konsonanten am Anfang und einem kurzen Auslaut, also z. B. wang, dai, mai, peng, sao usw. Dass es da leicht zu Verwechslungen und Mehrdeutigkeiten kommen könnte, liegt auf der Hand. Das Chinesische behilft sich damit, dass jede einzelne Silbe einen bestimmten Ton oder Tonrichtungen hat, die bedeutungsunterscheidend sind. Der Laut im vierten fallenden Ton wèn bedeutet „fragen" und im dritten, fallend und dann steigenden Ton wěn bedeutet „küssen". Mit den fünf Grundtönen im Hochchinesischen kommen wir da schon auf über 2000 unterschiedliche Silben. Darüber hinaus gibt es noch unterschiedliche Wortzusammensetzungen, Kontext usw., so dass alles, was wir im Deutschen ausdrücken, auch im Chinesischen ausgedrückt werden kann, halt nur anders.

In der VR China wird seit Jahrzehnten die Aussprache der Schriftzeichen in einem lateinischen Schreibsystem  wiedergegeben, dem Hànyǔ pīnyīn 汉语拼音. Es ist die einzige von der UN offiziell anerkannte Transkription der Aussprache des Hochchinesischen (es wird nicht auf Taiwan und in Hong Kong benutzt).

Foto: © Rene Drouyer, fotolia.com

## Die Schrift

**D**ie chinesische Schrift gibt es seit über 3000 Jahren. Sie ist somit eine der ältesten der Welt. Ursprünglich eine Bilderschrift, haben die Schriftzeichen, aus der sie besteht, im Laufe der Geschichte Änderungen durchlaufen, bis sie die heutige Form erhalten haben. Heute sind die meisten der Schriftzeichen eine Kombination aus einem Grundbestandteil, einem Radikal, und einem bildlichen oder auf die ungefähre Aussprache verweisenden Teil.

Die chinesischen Schriftzeichen heißen auf Chinesisch Hanzi 汉字. Im Laufe der Zeit entstanden über 80 000 Schriftzeichen, von denen heute aber nur etwa ein Zehntel in Gebrauch sind.

*Über 3500 Hanzi muss man beherrschen, um etwa eine Tageszeitung weitgehend zu verstehen.*

Die einzelnen Hanzi bestehen aus einer unterschiedlichen Anzahl von sog. Strichen. Das einfachste Schriftzeichen besteht aus nur einem Strich, kompliziertere können über 20 Striche aufweisen und mehr. So besteht das Schriftzeichen für „eins" nur aus einem Strich 一, und das für „zwei" aus zwei Strichen 二, das für „verstehen" dǒng 懂 aus 15 Strichen.

Mit Schriftzeichen geschrieben ist der Sinn immer eindeutig, und es kann keine Verwechslung geben, wenn man etwa den Ton nicht trifft: das Schriftzeichen für „fragen" wèn 问 unterscheidet sich deutlich von dem für „küssen" wěn 吻.

Traditionell galt: ein Schriftzeichen gleich eine Silbe gleich ein Wort, also z. B. rì 日 für „Sonne". Heute bestehen die meisten Wörter im Chinesischen aus zwei, drei, vier oder noch mehr Schriftzeichen. Ein Beispiel:

我们 是 德国人.
**Wǒmen shì déguó rén.**
Wir sind Deutsche.

*(wir: 2 Schriftzeichen, sind: 1 Schriftzeichen, Deutsche: 3 Zeichen)*

Ausländische Namen und Ortsbezeichnungen werden im Chinesischen in chinesische Silben zerlegt und dann mit Schriftzeichen versehen, die oft nur eine lautmäßige Wiedergabe sind, manchmal aber auch eine Bedeutung haben. So wird die Stadt Frankfurt im Chinesischen mit Fǎlánkèfú 法兰克福 wiedergegeben, der Familienname Fischer mit Fīshěěr 菲舍尔 und Lola mit Luòlā 洛拉.

Gelungene Übersetzungen sind z. B. für „Coca-Cola" Kěkǒukělè 可口可乐: die ersten beiden Zeichen bedeuten: wirklich köstlich, die letzten beiden Zeichen: wirklich Freude.

Es gibt eine bestimmte Anzahl unterschiedlicher Strichtypen. Jedes Schriftzeichen weist eine genau bestimmte Anzahl von Strichen auf. Wie die einzelnen Schriftzeichen geschrieben werden, unterliegt bestimmten Regeln, also z.B. erst oben, dann unten, erst links, dann rechts. Wer Schriftzeichen lernen will, sollte sich ein entsprechendes Lehrbuch besorgen.

In der VR China hat man einen Teil der historisch entstandenen Schriftzeichen vereinfacht, es entstanden die sogenannten Kurzzeichen oder vereinfachten Schriftzeichen jiǎntǐ zì 简体字. Auf Taiwan etwa oder in Hongkong werden weiterhin die traditionellen nicht vereinfachten Schriftzeichen fántǐ zì 繁体字 benutzt. So wird zum Beispiel in der VR China das Zeichen für Drache lóng mit fünf Strichen geschrieben, während es in der traditionellen Schreibweise 16 Striche hatte:龍.

Vielen Chinesen gelten die traditionellen Schriftzeichen als schöner und logischer im Aufbau. Wie auch immer, die Diskussion, ob die chinesischen Schriftzeichen ganz zugunsten einer latinisierten Schrift abgeschafft werden, gehört seit Einführung des Computers der Vergangenheit an. Chinesische Schriftzeichen lassen sich am Computer oder im Smartphone genauso gut und schnell schreiben wie englische oder deutsche Wörter.

Eine der gebräuchlichsten Eingabemethoden und die für uns Nicht-Chinesen allerpraktischste ist die chinesische Lautschrift Hànyǔ pīnyīn, 汉语拼音. Das Hànyǔ pīnyīn wird auch u.a. in Wörterbüchern benutzt. Früher existierten verschiedene Arten von lautlichen Umschriften des Chinesischen, zum Beispiel Peking für das heutige Beijing oder Hsi-an Si-an für die heutige Stadt Xian.

Heute kann man in der VR China an Bahnhöfen und Flughäfen, an öffentlichen Gebäuden und auf Straßenschildern neben den Schriftzeichen das Hànyǔ pīnyīn (chanyü pinyin) sehen. Diese Umschrift wird auch in allen Schulen unterrichtet. Früher existierten verschiedene Arten von Umschriften des Chinesischen. Heute ist Hànyǔ pīnyīn die einzige offiziell, auch von der UNO anerkannte Transkription.

Im vorliegenden Kauderwelsch-Band „Hochchinesisch" wird diese Transkription auch verwendet, sie steht immer in der ersten Zeile. In der zweiten Zeile ist darüber hinaus eine Lautschrift hinzugefügt, die der deutschen Sprache näherkommt. In der offiziellen Umschrift Hànyǔ pīnyīn sind die Töne gekennzeichnet, in der der deutschen Aussprache angelehnten Lautschrift sind Selbstlaute in betonten Silben unterstrichen. Vom Hànyǔ pīnyīn ist nur in einem Punkt abgewichen worden: Aus Gründen der Übersichtlichkeit sind die Silben eines Wortes meistens durch einen Bindestrich getrennt; auch wenn nicht immer jede Silbe in der Wort-für-Wort-Übersetzung übersetzt wurde.

Wir haben im vorliegenden Band weitgehend alle Wörter und Sätze mit Hànyǔ pīnyīn und mit Schriftzeichen geschrieben. So können Sie, falls nötig, wenn Sie sprechen, auf die Schriftzeichen verweisen.

Auf den folgenden Seiten finden Sie einen Überblick über das Hànyǔ pīnyīn, die Aussprache der einzelnen Laute und der Töne.

## Lautschrift & Aussprache

**D**ie folgende Tabelle folgt der Reihenfolge des deutschen Alphabets, damit man die einzelnen Laute schneller auffinden kann.

| | | | |
|---|---|---|---|
| mā-ma ma-ma *Mama* | **a** | a | wie in „V**a**ter" |
| ài ai *Liebe* | **ai** | ai | wie in „M**ai**" |
| gān gan *trocken* | **an** | an | wie in „K**an**ne" |
| yuǎn yüän *weit* | | än | nach i, u, y wie in „k**en**nt", jedoch etwas länger |
| bāng bang *helfen* | **ang** | ang | wie in „G**ang**" |
| dào dau *ankommen* | **ao** | au | wie in „R**au**m" |
| běi bäi *Nord* | **b** | b | wie in „**B**ad" |
| cóng tsung *folgen; von* | **c** | ts | wie in „ste**ts**" (behaucht, * s. u.) |
| cháng tschang *lang* | **ch** | tsch | wie in „deu**tsch**" (behaucht) |
| duì dui *richtig* | **d** | d | wie in „**D**ach" |
| è è *hungrig* | **e** | ė | wie auslautendes „e" in „End**e**", jedoch gedehnter |
| yuè yüä *Monat* | | ä | nach i, u, y wie in „B**e**tt", jedoch länger gesprochen |
| lèi läi *müde* | **ei** | äi | wie in „L**ay**out" oder „ok**ay**!" |
| hěn chèn *sehr* | **en** | én | wie in „lauf**en**", jedoch länger |
| lěng lèng *kalt* | **eng** | éng | wie **e** + **ng** |
| èr èr *zwei* | **er** | èr | wie **e** + **r**, jedoch gedehnter |
| fàn fan *Reis* | **f** | f | wie in „**F**ahrt" |
| gěi gäi *geben* | **g** | g | wie in „Re**g**en" |
| Hélán Chėlan *Holland* | **h** | ch | wie in „Ba**ch**", nicht wie in „i**ch**"! |
| yī yi *eins* | **i** | i | am Wortende wie in „w**ie**", jedoch kürzer; in der Wortmitte flüchtiges „i" wie in „L**i**ane" |
| liǎng liang *zwei* | | | |
| cì tsi *Mal* | | ɨ | nur nach c, ch, r, s, sh, z, zh ** (s. u.) |

| | | | |
|---|---|---|---|
| **j** | dj | wie im englischen „**J**eep" (vorne sprechen!) | jī dji *Huhn* |
| **k** | k | wie in „**K**unst" (behaucht) | kāi kai *fahren* |
| **l** | l | wie in „**l**allen" | lái lai *kommen* |
| **m** | m | wie in „**M**eile" | měi mäi *schön* |
| **n** | n | wie in „**N**ame" | néng nèng *können* |
| **o** | o | wie in „S**o**nne", jedoch länger | fó fo *Buddha* |
| **ong** | ung | wie in „Leit**ung**" | hóng chung *rot* |
| **ou** | ou | wie im englischen „g**o**" (gehen) | tóu tou *Kopf* |
| **p** | p | wie in „**P**anne" (behaucht) | píng ping *Flasche* |
| **q** | tj | wie im englischen „**ch**eer" (behaucht) | qīng tjing *bitte* |
| **r** | sh | stimmhaft wie in „**J**ournal" | rén shèn *Mensch* |
| | r | am Silben- oder Wortende wie englisches „**r**", tief im Rachen gesprochen | èr èr *zwei* |
| **s** | ß | stimmlos wie in „Bu**s**" | sì ßi *vier* |
| **sh** | sch | stimmlos wie in „**Sch**ule" | shu schuo *sagen* |
| **t** | t | wie in „**T**ag" (behaucht) | tā ta *er, sie* |
| **u** | u | am Wortende wie in „H**u**t" (aber kürzer); in der Wortmitte wie in „R**u**anda" (flüchtig gesprochen) | bù bu *nein* |
| | ü | nur nach **j, q, x, y** wie in „m**ü**de" | qù tjü *gehen* |
| **ü** | ü | am Wortende wie in „m**ü**de" (aber kürzer); in der Wortmitte wie in „H**y**äne" (flüchtig gesprochen) | lü lü *grün* <br> nǚ-ér nü-ér *Tochter* |
| **w** | w | Halblaut zwischen „u" und „w", wie im englischen „**w**ater" (Wasser) | wǎn wan *spät* |
| **x** | ch | wie in „i**ch**" + „**ß**", z. B. wie in „Hab' i**ch's** doch gewusst!" | xué chüä *lernen* |
| **y** | y | wie in „Ma**y**a" bzw. wie in „**J**äger" | yào yau *wollen* |
| **z** | ds | wie in „Run**ds**aal" | zǎo dsau *früh* |
| **zh** | dsh | wie in „**Dsch**ungel" | zhù dshu *wohnen* |

## Anmerkungen * / **

* Die Mitlaute c, ch, k, p, q, t werden stärker „behaucht" als im Deutschen, also so ausgesprochen, als folgte ein „h", z. B. klingt p wie in „Ki**pph**ebel", t wie in „Schu**tth**alde", k wie in „Sa**ckh**üpfen".

** Das i nach den Lauten ch, c, r, sh, s, z, zh wird nicht wie das „i" in „Liebe" gesprochen, sondern es ist eher eine „Verlängerung" des vorangegangenen Mitlauts. Die Zunge verharrt dabei in der Stellung, in welcher der Laut gebildet wird. Das klingt ungefähr so, als endeten sie stimmhaft. In der Lautschrift ist dieser Laut mit durchgestrichenem „i", also ɨ, gekennzeichnet.

## Töne

*In europäischen Sprachen trägt die Tonhöhe keine den Sinn unterscheidende Bedeutung, auch wenn man im Deutschen einige Wörter oder Sätze in einer bestimmten „Melodie" ausspricht. So hebt man z. B. im Deutschen am Ende eines Fragesatzes auch etwas die Stimme an.*

Das Hochchinesische weist fünf Töne auf. Jede Silbe hat einen Ton. Innerhalb mehrsilbiger Wörter folgen also oft unterschiedlich Töne aufeinander.

Im Chinesischen gehören die Töne untrennbar zum Wort. Ändert sich der Ton, ändert sich meist auch die Bedeutung. Das gute Zuhören ist daher sehr wichtig. Vernachlässigt man die Töne, kann es geschehen, dass der angesprochene Chinese gar nicht merkt, dass man versucht, Chinesisch zu sprechen. „Tonloses" Chinesisch ist kein Chinesisch! Das begleitende Tonmaterial ist deshalb beim Üben eine unentbehrliche Hilfe.

Folgende fünf Töne werden im Chinesischen unterschieden:

Der erste Ton wird am oberen Ende der natürlichen Stimmlage gleichmäßig hoch gesprochen. Er gleicht einem betonten Wort in einem Satz: „Ich habe aber nur <u>sie</u> gesehen!".

*Im Hanyu Pinyin ist der hohe Ton mit einem geraden Strich über der betreffenden Silbe markiert: ā, ē, ī, ō, ū.*

| shū | schu | Buch |
| yī-yuàn | yi-yüān | Krankenhaus |

Der zweite Ton ist ein von der Mitte der natürlichen Stimmlage ansteigender Ton. Er gleicht in etwa dem deutschen Tonfall in Fragen wie „<u>wer</u>?" oder „<u>was</u>?".

*Gemäß dem Klang wird der 2. Ton durch einen von links unten nach rechts oben ansteigenden Strich markiert: á, é, í, ó, ú.*

| yóu-jú | you-djü | Postamt |
| yín-háng | yin-~~ch~~ang | Bank (-gebäude) |

Der dritte Ton ist ein von etwas unterhalb der mittleren Stimmlage zunächst fallender, dann wieder ansteigender Ton.

*Der 3. Ton ist durch einen zunächst fallenden, dann steigenden Strich markiert: ǎ, ě, ǐ, ǒ, ǔ.*

| fàn-guǎn | fan-guan | Restaurant |
| qǐng | tjing | bitte |

Folgt einer Silbe im 3. Ton unmittelbar eine Silbe im 1., 2., 4. oder 5. Ton, wird nur der „absinkende" Teil gesprochen, dies ist der so genannte halbe dritte Ton:

| hǎo-tīng | ~~ch~~au-ting | gut klingen |
| hǎo-kàn | ~~ch~~au-kan | schön |
| hǎo-le | ~~ch~~au-lê | fertig |

Folgen zwei 3. Töne aufeinander, dann wird die erste Silbe im zweiten Ton gesprochen:

**hǎo jǐu** = **háo jǐu** ~~chau djiu~~ lange Zeit

*Gemäß seinem Klang ist der 4. Ton durch einen von links oben nach rechts unten führenden Strich markiert: à, è, ì, ò, ù.*

Der vierte Ton ist dem 2. Ton entgegengesetzt: Er ist ein von der oberen Stimmlage fallender Ton. Er entspricht ungefähr dem Tonfall bei einem strengen Befehl: „Ràus!".

| | | |
|---|---|---|
| **fàn-diàn** | fan-diän | Hotel |
| **diàn-huà** | diän-~~chua~~ | Telefon |

Einige Wörter haben im Chinesischen mehrere Töne und können je nach lautlicher Umgebung ihren Ton wechseln. Folgt diesen eine Silbe im vierten Ton, erhalten sie den 2. Ton:

**wǒ bù lái**      aber:      **bú guì**
*ich nicht herkommen*                 *nicht teuer*
ich komme nicht                   nicht teuer

*Der 5. Ton ist „tonlos" oder neutral und hat keine besondere Kennzeichnung in Hanyu Pinyin: a, e, i, o, u.*

Neben diesen vier Tönen gibt es noch den fünften, tonlosen Ton, der neutral in der stimmlichen Mittellage gesprochen wird. Er kommt meist nur in Wortzusammensetzungen vor. Auch der tonlose Ton ist bedeutungsunterscheidend!

| | | |
|---|---|---|
| **mù-tou** | mu̲-tou | Holz |
| **zhūo-zi** | dshu̲o-dsi̲ | Tisch |
| **shénme** | sche̲n-më | was |

Um die Wichtigkeit der Töne noch einmal zu verdeutlichen, hier einige Beispiele. Die Silbe ma hat je nach Ton folgende Bedeutungen:

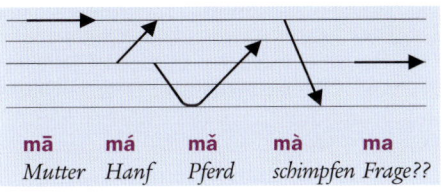

| **mā** | **má** | **mǎ** | **mà** | **ma** |
|--------|--------|--------|--------|--------|
| *Mutter* | *Hanf* | *Pferd* | *schimpfen* | *Frage??* |

Ob man in einem Restaurant tang im ersten oder zweiten Ton verlangt, ist nicht egal, denn im ersten Ton bedeutet es „Suppe", im zweiten hingegen „Zucker". Wollen Sie die Suppe als wohlschmeckend (xiān) loben oder als versalzen (xián) kritisieren? Wollen Sie etwas kaufen (mǎi) oder verkaufen (mài)?

**Zhè-ge tāng hěn xiān.**
dshè-gé tang ~~chèn~~ chiän
*dies-Stück Suppe sehr wohlschmeckend*
Diese Suppe schmeckt gut!

**Zhè-ge tāng hěn xián.**
dshè-gé tang ~~chèn~~ chiän
*dies-Stück Suppe sehr salzig*
Diese Suppe ist versalzen!

**Wǒ mǎi yì běn shū.** **Wǒ mài yì běn shū.**
wo mai yi běn schu | wo mai yi běn schu
*ich kaufen 1 Band Buch* | *ich verkaufen 1 Band Buch*
Ich kaufe ein Buch. | Ich verkaufe ein Buch.

*„Ost-West" heißt auf Chinesisch dōng-xī (dung-chi). Beide Silben werden im ersten Ton gesprochen. Wird nun aber die zweite Silbe ohne Ton (tonlos) ausgesprochen, erhält man dōng-xi (dung-chi) und das heißt im Deutschen „Sache" oder „Ding"!*

*Sie sehen also, dass es enorme Verwirrung stiften kann, wenn Sie die Töne nicht richtig aussprechen, daher sollten Sie sich von Anfang an bemühen, die Töne zu sprechen, auch wenn es sicher zunächst schwer fällt!*

# Lautschrift & Aussprache

Die fünf Töne sind nicht zu verwechseln mit der Satzmelodie und der Betonung im Satz. Die Töne beziehen sich auf die einzelne Silbe oder das Wort, die Satzmelodie auf den ganzen Satz. Die Satzmelodie es Deutschen ähnelt grundsätzlich der des Chinesischen. So fällt sie in beiden Sprachen bei Aussagesätzen eher ab, und steigt bei Fragen eher an.

*In diesem Aussagesatz ist die Satzmelodie fallend, also am Anfang höher als am Ende.*

我想买面包。
**Wǒ xiǎng mǎi miànbāo.**
wo hsiang mai miän-bau
*ich mögen kaufen Brot*
Ich möchte Brot kaufen.

*In diesem Fragesatz ist die Satzmelodie zum Ende hin ansteigend.*

你想买什么？
**Nǐ xiǎng mǎi shénme?**
ni hsiang mai shenme
*du mögen kaufen was?*
Was darf's denn sein?

So wichtig die Töne sind, so wichtig ist auch zu versuchen, die Satzmelodie einigermaßen hinzubekommen. In diesem Sprachführer sind die meisten Sätze relativ kurz.

*Für das Erlernen der Satzmelodie ist es wie bei den Tönen am allerbesten, sich die Vertonung anzuhören und nachzusprechen. Oder man lässt sich die Sätze von einem Muttersprachler vorlesen.*

好不好
**Hǎobù hǎo?**
chaubu chao
*gut-nicht gut*
In Ordnung (O.K.)?

Chinesen machen in Sätzen auch Pausen, dem Sinn entsprechend. Im folgenden Satz ist die kurze Pause nach dem „essen" (chi-fan).

我们去吃饭好不好？
**Wǒmen qù chī-fàn hǎobù hǎo?**
*wir gehen essen gut-nicht gut*
Wir gehen essen, o.k. (in Ordnung)?

In chinesischen Sätzen können auch einzelne Wörter betont werden. In der Lautschrift im Buch ist die Betonung nur dann angegeben, wenn ein Wort besonders hervorgehoben werden soll. In diesem Fall ist das betonte Wort oder die betonte Silbe unterstrichen.

你会中文吗？
**Nǐ huì zhōngwén ma?**
<u>ni</u> chui dshung-wen ma?
*du können chinesisch-Sprache FP*
<u>Du</u> kannst Chinesisch?

Diesen Satz kann man als normalen Fragesatz mit leicht ansteigender Satzmelodie aussprechen, man kann auch das Ni (du) betonen oder Zhongwen (Chinesisch) mit jeweils leichten Bedeutungsunterschieden. (Wirklich du? Wirklich chinesisch?).

不可能！
**Bù kěnéng!**
*nicht möglich*
Unmöglich!

*Natürlich können auch einzelne Wörter im Satz hervorgehoben werden. Das hängt vom jeweiligen Kontext ab. Also: immer ganze Sätze sprechen, selbst wenn man die Töne nicht exakt sprechen kann. Die Satzmelodie „überlagert" in gewissem Sinn die Töne.*

## Wörter, die weiterhelfen

**G**erade in China angekommen, helfen Ihnen diese Wörter weiter. Zunächst der chinesische Standardgruß:

你好 **Nǐ hǎo** ni ~~ehau~~ *du gut* Guten Tag!

### Wo ist ... ?

Eine Frage können Sie höflich einleiten mit:

请问。。。 | Oder: 对不起。。。
**qǐngwèn** | **Duìbùqǐ ...**
tjing wen | dui-bu-tji
*bitte fragen* | Entschuldigung!
Eine Frage bitte ... |

。。。在哪里? | 我找。。。
**... zài nǎlǐ?** | **wǒ zhǎo ...**
dsai na-li | wo dshao
*sich-befinden wo* | *ich suchen*
Wo ist ... ? | Ich suche ...

| 火车站 | **huǒ-chē-zhàn** ~~chuo~~-tsche-dshan | Bahnhof |
|---|---|---|
| 地铁站 | **dì-tiě-zhàn** di-tiädshan | U-Bahn |
| 汽车站 | **qì-chē-zhàn** tji-tsche-dshé-dshan | Bushaltestelle |
| 出租车 | **chū-zū-chē** tschu-dsu-tsché | Taxi |
| 飞机场 | **fēi-jī-chǎng** fäi-dji-tschang | Flughafen |
| 出口 | **chū-kǒu** tschu-kou | Ausgang |
| 药店 | **yào-diàn** yau-diän | Apotheke |
| 银行 | **yín-háng** yin-~~eh~~ang | Bank (Geld) |

| 机场巴士站 | **Jī-chǎng bā-shì-zhan** <br> dji-tschang ba-schitschang | Airport-Bus |
|---|---|---|
| 机场快轨 | **Jī-chǎng-kuài-guǐ** <br> dji-tschang-kuai-gui | Airport Express (Peking) |
| 磁悬浮列车 | **Cí-xuán-fú-(liè-chē)** <br> tsi-chüan-fu (liä-tsche) | Maglev Shanghai |
| 机场快线 | **Jī-chǎng-kuài-xiàn** <br> dji-tschang-kuai-chien | Airport Express (Hongkong) |

Und als Antwort hören Sie möglicherweise:

| 在这里 | **zài zhèlǐ** dsai dshè-li | hier |
|---|---|---|
| 在那里 | **zài nàlǐ** dsai na-li | dort |
| 在右边 | **zài yòubiān** dsai you-biän | rechts |
| 在左边 | **zài zuǒbiān** dsai dsuo-biän | links |
| 在前面 | **zài qiánmiàn** dsai tjiän-me | vorn |
| 在后边 | **zài hòubian** dsai hou-biän | hinten |

Ein paar nützliche Richtungsangaben:

| 北 | **běi** bäi | Nord |
|---|---|---|
| 南 | **nán** nan | Süd |
| 东 | **dōng** dung | Ost |
| 西 | **xī** chi | West |
| 右 | **yòu** you | rechts |
| 左 | **zuǒ** dsuo | links |
| 那边 | **nà biān** na-biän | dort/dorthin |
| 直 | **zhí** dschi | geradeaus |

Vielleicht fragt der Taxifahrer, wohin Sie wollen:

| 去哪里？ | **Qù nǎlǐ?** tjü-na-li *gehen wohin?* Wohin? |
|---|---|

Dann setzen Sie nach 去qù (wie bei 找 zhǎo „suchen") einfach den Zielort oder die Straße ein. Zum Beispiel:

*Der Taxifahrer könnte antworten:*

好嘞 Hǎo lei chau-läi
*oder*
好的 Hǎo de chau-de
„gut, okay".
*Und wenn Sie angekommen sind, hören Sie:*
到了 Dàole (dau-le)
„Angekommen!"
*oder „Wir sind da!"*

| | |
|---|---|
| 我去 。。。 | 北京南站 |
| **Wǒ qù ...** | **Běijīng nán zhàn** |
| wo tjü | Bäi-djing nan-dschan |
| ich gehe | Peking Südbahnhof |
| Ich gehe/fahre nach .. | |
| | |
| 这是 。。。 | 不是 。。。 |
| **Zhè shì ...** | **Bù shì ...** |
| dsche schi̊ | bu schi̊ |
| Hier ist ... | Hier ist nicht ... |

| | | | |
|---|---|---|---|
| 饭店 | **fàn-diàn** | fan-diän | Hotel |
| 饭馆 | **fàn-guǎn** | fan-guan | Restaurant |
| 咖啡店 | **kā-fēi-diàn** ka-fäi-diän | | Café |
| 青年旅舍 | **qīngnián lǚshě** tsching-niän-lü-she | | Jugendherberge |
| 医院 | **yīyuàn** yi-yüan | | Krankenhaus |

## Gibt es ...?

| | |
|---|---|
| 有。。。吗? | 有。。。没有? |
| **Yǒu ... ma?** | **Yǒu... méiyǒu?** |
| You ... ma | you ... mäiyou |
| *haben ... FP* | *haben nicht-haben* |
| Gibt es ...? | Gibt es ... ? |

Hier können Sie wieder alle möglichen Wörter einsetzen, z. B:

| | | | |
|---|---|---|---|
| 房间 | **fáng-jiān** | fang-djiän | Zimmer |
| 暖气 | **nuǎnqì** | nuan-tji | Heizung |
| 水 | **shuǐ** | shui | Wasser |
| 饮料 | **yǐnliào** | yin-liao | Getränke |

## Ich möchte ...

| 我要。。。 | 我不要。。。 |
|---|---|
| **Wǒ yào...** | **Wǒ bu yào...** |
| Wo yau | wo bu yao |
| *ich wollen* | *ich nicht wollen* |
| Ich will / möchte ... | Ich will kein / nicht ... |

| | | | |
|---|---|---|---|
| 吃饭 | **chi-fan** | tschi-fan | essen |
| 喝 | **hē** ~~ehe~~ | | trinken |
| 买东西 | **mǎi dōngxi** | mai-dung-chi | einkaufen |
| 买这个 | **mǎi zhège** | mai dshé-ge | dies kaufen |
| 付钱 | **fù qián** | fu tjiän | bezahlen |

| 。。。多少钱? | 这个多少钱? |
|---|---|
| **... duōshǎo qián?** | **Zhège duōshǎo qián?** |
| duoschau tjiän | dshé-ge duoschau tjiän |
| *wieviel Geld* | *dies wieviel Geld* |
| Wie viel kostet ...? | Wie viel kostet das? |

Bleibt zum Schluss noch ein höfliches „Danke":

| 谢谢 | 再天! |
|---|---|
| **Xièxiè!** | **Zài tiān!** |
| chiä-chiä | dsai-tiän |
| *danken-danken* | *wieder sehen* |
| Danke! | Auf Wiedersehen! |

## Dinge und ihre Eigenschaften

**M**it Hauptwörtern benennt man Personen und Sachen. Sie bestehen aus einem, zwei oder drei Schriftzeichen, manchmal auch aus noch mehr. Sie kennen kein Geschlecht und keine verschiedenen Formen für Einzahl und Mehrzahl. Nur für Personen gibt es noch eine eigene Mehrzahl. Die genaue Bedeutung ergibt sich aus dem Kontext:

| **Hauptwörter: Sachen und Eigennamen** | | |
|---|---|---|
| 书 | **shū** schu | Buch, Bücher |
| 车 | **chē** che | Wagen, Gefährt |
| 汽车 | **qìchē** tji-tsché | das Auto, |
| | *Dampf-Wagen* | die Autos |
| 自行车 | **zìxíngchē** | das Fahrrad, |
| | tsì-ching-tsche | die Fahrräder |
| | *selbst gehen Wagen* | |
| 火车站 | **huǒchē zhàn** | der Bahnhof, |
| | huo-tsche-dschan | die Bahnhöfe |
| | *Feuer-Wagen-Station* | |
| 衣服 | **yī fú** yi-fu | Kleidung |
| | *Kleidung-Kleidung* | |

An den Wortbeispielen mit 车 chē (Wagen) kann man auch sehen, dass die Regel „das Bestimmende steht vor dem Bestimmten" auch bei Wortzusammensetzungen gilt.

## Personen

| 人 | **rén** shen | Mensch |
|---|---|---|
| 工人 | **gōngrén** gung-shen | Arbeiter |
| 老师 | **lǎoshī** lao-schï | Lehrer |
| 女 | **nǚ** nü | Frau, weiblich |
| 女人 | **nǚrén** nü-shen | Frau<br>*Frau-Mensch* |
| 男 | **nán** nan | Mann, männlich |
| 男人 | **nánrén** nan-shen | Mann<br>*Mann-Mensch* |
| 男朋友 | **nán péngyǒu**<br>nan peng-you | Freund<br>(boyfriend) |
| 女朋友 | **nǚ péngyǒu**<br>nü peng-you | Freundin<br>(girlfriend) |

## Personen in der Mehrzahl

An alle Personenbezeichnungen kann die Zeichensilbe 们 men angehängt werden, um die Mehrzahl anzuzeigen:

| 朋友 | **péngyǒu**<br>peng-you | Freund |
|---|---|---|
| 朋友们 | **péngyǒumen**<br>peng-you-men | · Freunde |
| 孩子 | **háizi**<br>hai-tsï | Kind |
| 孩子们 | **háizimen**<br>hai-tsï-men | Kinder |

## Eigenschaftswörter (Adjektive)

Eigenschaftswörter (Adjektive) bestehen in der Regel aus einem oder zwei Schriftzeichen.

| | | | |
|---|---|---|---|
| 慢 | **màn** | man | langsam |
| 快 | **kuài** | kuai | schnell |
| 大 | **da** | da | groß |
| 小 | **xiǎo** | chiao | klein |
| 漂亮 | **piàoliang** | piao-liang | hübsch |
| 丑陋 | **chǒulòu** | tschou-lou | hässlich |
| 安静 | **ānjìng** | an-djing | ruhig |
| 吵闹 | **chǎonào** | tschau-nau | laut |
| 高兴 | **gāoxìng** | gao-ching | froh, glücklich |
| 难过 | **nánguò** | nan-guo | traurig |

Eigenschaftswörter werden vor das Hauptwort gestellt, das sie näher bestimmen.

| | | | |
|---|---|---|---|
| 大楼 | **dà lóu** | da-lou | großes Gebäude<br>*groß Gebäude* |
| 小楼 | **xiǎo lóu** | chiao-lou | kleines Gebäude<br>*klein Gebäude* |
| 慢车 | **mànchē** | man-tsche | Bummelzug<br>*langsam Wagen* |
| 快车 | **kuàichē** | kuai-tsche | Schnellzug<br>*schnell Wagen* |

## die Partikel „de"

Bei zweisilbigen Eigenschaftswörtern, manchmal auch bei einsilbigen, wird oft zwischen dem Eigenschaftswort und dem Hauptwort die Partikel de eingefügt, die auch zum Anzeigen eines Besitzverhältnisses benutzt wird:

| 干净的衣服 | **gānjìng de yīfú** | saubere |
| | gan-tjing de yi-fu | Kleidung |
| 脏的衣服 | **zàng de yīfú** | schmutzige |
| | dsang de yi-fu | Kleidung |
| 好听的歌 | **hǎotīng de gē** | wohl- |
| | chau-ting de ge | klingendes |
| | *gut-hören P Lied* | Lied |
| 难听的歌 | **nántīng de gē** | grässliches |
| | nan-ting de ge | Lied |
| | *schlecht hören P Lied* | |

*In der Wort-für-Wort-Übersetzung wird die Partikel de immer mit „P" wiedergegeben.*

Man kann auch zwischen einem einsilbigen Adjektiv und einem Hauptwort ein de einfügen, um stärker zu betonen, dass etwas rot und nicht etwa gelb oder gut und nicht schlecht ist.

| 红书 | **hóng shū** | rotes Buch |
| | ~~ch~~ung schu | *rot Buch* |
| 红的书 | **hóng de shū** | das rote(!) |
| | ~~ch~~ung de schu | Buch |
| 新衣服 | **xīn yīfú**  chīn yifu | neue |
| | *neu Kleidung* | Kleidung |
| 新的衣服 | **xīn de yīfú** | die neue(!) |
| | chīn yifu | Kleidung |
| 安静的酒吧 | **ānjìng de jiǔbā** | ruhige Bar |
| | andjing-djiu-ba | |
| 吵闹酒吧 | **chǎonào de jiǔbā** | laute Bar |
| | tschau-nau de djiu-ba | |

## Umstandswörter (Adverbien)

Eigenschaftswörter (Adjektive) können selbst wieder näher bestimmt werden, und zwar mit Umstandswörtern (Adverbien) wie z. B. ...

| | | | |
|---|---|---|---|
| 很 | **hěn** ~~chen~~ | | sehr |
| 真 | **zhēn** zhēn | | wirklich |
| 非常 | **fēicháng** fäitschang | | außerordentlich |
| 更 | **gèng** geng | | noch mehr |
| 最 | **zuì** dsui | | äußerst |
| 太 | **tài** tai | | zu, zu sehr |
| 真好 | **hěn hǎo** ~~chen chau~~ | | sehr gut |
| 真棒 | **zhēn bàng** dschen bang | | wirklich Klasse! Prima! |
| 非常大 | **fēicháng dà** fäitschang da | | außerordentlich groß |
| 更贵 | **gèng guì** geng gwue | | noch teurer, teurer |
| 最便宜 | **zuì piányí** dsui piän-yi | | billigste, günstigste |

## Sein & haben

**I**m Chinesischen wird 是 shì, das Verb für „sein", grundsätzlich nur mit Hauptwörtern verbunden. Bei Eigenschaftswörtern wird das „sein", anders als im Deutschen, nicht benutzt.

### Sein

我是德国人。
**Wǒ shì déguó rén.**
wo schi déguo-shén
*ich sein Deutsch Mensch*
Ich bin Deutscher.

这是米饭
**Zhè shì mǐfàn.**
dsché schi schu
*dies sein Reis*
Das ist Reis.

他是坏人
**Tā shì huàirén.**
ta schi chuai shén
*er sein böse-Mensch*
Er ist ein böser Mensch.

他很好
**Tā hěn hǎo.**
ta chen chau
*er sehr gut*
Er ist sehr gut.

中国很大。德国很小。
**Zhōngguó hěn dà, déguó hěn xiǎo.**
Dshung-guo ~~chen~~ da dèguo ~~chen~~ chiao
*China-Land sehr groß, Deutsch Land sehr klein*
China ist groß. Deutschland ist klein.

Wenn etwas hervorgehoben oder betont werden soll, verwendet man shi („sein") plus einem Eigenschaftswort und die Partikel de.

*Das Wörtchen hen („sehr") vor dem Eigenschaftswort hat häufig eine abgeschwächte Bedeutung, ein „schwaches" sehr.*

他的手机是新的
**Tā de shǒujī shì xīn de.**
tạ de shou-tji schị_chịn-de
*sein Hand-Maschine sein neu-P*
Sein Handy ist neu (und nicht alt).

天是蓝的
**Tiān shì lán de.**
tịạn schị lạn-de
*Himmel sein blau-P*
Der Himmel ist blau (und nicht dunkel).

### „sich befinden"

„Sein" im Sinne von „sich befinden" wird im Chinesischen mit einem eigenen Verb ausgedrückt: zai 在 („sich befinden").

我在上海
**Wǒ zài shànghǎi.**
wo dsai shang-hai
*ich sich-befinden Shanghai*
Ich bin in Shanghai.

我们在饭馆
**Wǒmen zài fànguǎn.**
women dsai fan-guan
*wir sich befinden Restaurant*
Wir sind im Restaurant.

## Haben

Um zu sagen, ob man etwas hat oder nicht, ob etwas vorhanden ist oder nicht, oder ob es etwas gibt oder nicht gibt, gebraucht man im Chinesischen 有 yǒu bzw. 没有 méiyǒu:

| 有 | **yǒu** you *haben* | haben / es gibt |
|---|---|---|
| 没有 | **méiyǒu** mäi you *nicht haben* | nicht haben / es gibt nicht |

有热水吗
**Yǒu rè shuǐ ma?**
you she shui ma
*haben heiß Wasser FP*
Gibt es heißes Wasser?

没有冰的啤酒
**Méiyǒu bīng de píjiǔ.**
mäi-you bingde pi-djiu
*nicht-haben kalt-P Bier*
Es gibt kein kaltes Bier.

我有票
**Wǒ yǒu piào**
wo you piao
*ich haben Karte*
Ich habe ein Ticket/Tickets.

Foto: © marone, fotolia.com

Die Verneinung von shì 是 („sein") und 在 zai („sich befinden") erfolgt mit 不 bù („nein"), die Verneinung von 有 you mit 没 méi.

他不是中国人
**Tā bùshì zhōngguó rén**
T*a* bu-sch*i* dschung-guo-shen
*Er nicht sein China-Land-Mensch*
Er ist kein Chinese.

他没有中国朋友
**Tā méiyǒu zhòng guó péngyǒu.**
T*a* mäi you dschung-guo peng-you
*Er nicht haben China-Land Freund*
Er hat keinen chinesischen Freund.

她不在房间。
**Tā bùzài fángjiān.**
*Sie nicht sich befinden Zimmer*
Sie ist nicht im Zimmer.

## Fürwörter

**D**ie Formen von Subjekt (ich, du, etc.) und Objekt (mir, dich etc.) sind dieselben. Fügt man an das Pronomen (Fürwort) die Silbe men 们 an, hat man die Mehrzahl.

### Persönliche Fürwörter

| Einzahl | | |
|---|---|---|
| 我 | **wǒ** wo | ich/mir |
| 你 您 | **nǐ, nín** ni,nin | du, Sie / Ihr |
| 他,她,它 | **tā** | er, sie, es / uns |

| Mehrzahl | | |
|---|---|---|
| 我们 | **wǒmen** women | wir / uns |
| 你们 | **nǐ men** nimen | ihr / euer / euch |
| 他们, | **tā men** *(m)* | Sie / Ihnen (m) |
| 她们, | **tā men** *(w)* | Sie / Ihnen (w) |

*Im gesprochenen Chinesisch wird das Fürwort für „er, sie,es" gleich ausgesprochen (ta), im schriftlichen Chinesisch sind die Zeichen jeweils verschieden.*

### Unpersönliches „es"

Für das deutsche unpersönliche „es" in Sätzen wie „es gibt", „es regnet" etc. gibt es im Chinesischen keine Entsprechung. Es wird nicht übersetzt.

| 下雨了 | 有风 | 有米饭吗 |
|---|---|---|
| **Xià yǔle.** | **Yǒu fēng.** | **Yǒu mǐ fàn ma?** |
| chia yü-le | you feng | you mi-fan ma |
| *herabfallen Regen-P* | *haben Wind* | *haben Reis FP* |
| Es regnet. | Es ist windig. | Gibt es Reis? |

## Besitzanzeigende Fürwörter

Um ein Besitzverhältnis auszudrücken, wird an die persönlichen Fürwörter ein de 的 angehängt.

*War es in der Vergangenheit durchaus üblich, auch Fremde mit nǐ (eigentlich „du") anzusprechen, wird inzwischen immer häufiger die „Sie"-Form nín verwendet. Insbesondere in der Geschäftswelt in Großstädten ist dies nahezu ein Muss geworden. Auch beim Erkundigen nach dem Weg sollte nín zum Einsatz kommen.*

| 我的 | **wǒ de** wode | mein |
|---|---|---|
| 你的 | **nǐ de** ni de | dein |
| 他/她/它的 | **tā de** tade | sein, ihr |
| 我们的 | **wǒmen de** womende | unser |
| 你们的 | **nǐ men de** nimende | euer |
| 他/她/它们的 | **tāmen de** tamende | Ihr |

| 我的书 | 他的手机号码 |
|---|---|
| **wǒ de shū** | **tā de shǒujī hàomǎ** |
| wode schu | tade schou-tji chaoma |
| mein Buch | seine Handy-Nummer |

| 你的护照 | 我们的秘密 |
|---|---|
| **nǐ de hùzhào** | **wǒmende mìmì** |
| ni de hu-dschau | womende mimi |
| dein Pass | unser Geheimnis |

Bei Bezeichnungen menschlicher Beziehungen sowie bei Besitzverhältnissen und Zugehörigkeiten kann 的 de aber auch entfallen:

| 我们老师 | 中国菜 |
|---|---|
| **wǒmen lǎoshī** | **zhōngguó cài** |
| women lau-schi | dschung-guo tsai |
| *wir Lehrer* | *China-Land Speisen* |
| unser Lehrer | chinesische Küche |

## Fälle – Genitiv, Dativ und Akkusativ

Den 1. Fall (Nominativ) und den 4. Fall (Akkusativ) kann man im Chinesischen nur an der Satzstellung erkennen.

我问你。
**Wǒ wèn nǐ.**
wo wèn ni
*ich fragen du*
Ich frage dich.

你问我。
**Nǐ wèn wǒ.**
ni wèn wo
*du fragen ich*
Du fragst mich.

Der Genitiv wird im Chinesischen mit dem Wörtchen de umschrieben, genau wie beim Anzeigen eines Besitzverhältnisses. Der Genitiv steht vor dem Bezugswort.

父亲的书
**fùqīn de shū**
futjin de schu
*Vater von Buch*
das Buch des Vaters, Vaters Buch

餐厅的菜单
**cāntīng de càidān**
tsan-ting de tsaidan
*Restaurant P Speisekarte*
die Speisekarte des Restaurants

Der Dativ kann im Chinesischen mithilfe des Verbs für „geben" 给 gěi gebildet werden.

我给你
**wǒ gěi nǐ**
wo gäi ni
*ich geben dir*
ich gebe dir

我给你钱
**Wǒ gěi nǐ qián.**
wo gäi ni tjän
*ich geben dir Geld*
Ich gebe dir Geld.

我给你买啤酒
**Wǒ gěi nǐ mǎi píjiǔ**
Wo gäi ni mai pi-djiu
*ich geben dir kaufen Bier*
Ich kaufe dir Bier.

我发给你短信
**Wǒ fā gěi nǐ duǎnxìn.**
Wo fa gäi ni duan-chin
*ich senden geben dir Kurznachricht*
Ich schicke dir eine SMS.

我明天给你打电话
**Wǒ míngtiān gěi nǐ dǎ diànhuà**
wo ming-tän gäi ni da-diän-chua
*ich morgen geben dir senden Telefon*
Ich rufe dich morgen an.

## Verben & Zeiten

**C**hinesische Verben können ein- oder zwei-
silbig sein, z.B. 买mǎi (kaufen), 给gěi (geben)
oder 工作 gōngzuò (arbeiten), 离开líkāi (wegge-
hen, verlassen).

| | | |
|---|---|---|
| 我买茶 | 他们买茶 | *Die Verben* |
| **Wǒ mǎi chá.** | **Tāmen mǎi chá.** | *bleiben unverändert,* |
| wo mai tscha | tamen mai tscha | *ungeachtet der Person* |
| *ich kaufen Tee* | *sie-Mz kaufen Tee* | *und der Zeit.* |
| Ich kaufe Tee. | Sie kaufen Tee. | |

你明天买茶
**Nǐ míngtiān mǎi chá**
*du morgen kaufen Tee*
Morgen wirst du Tee kaufen.

Einige chinesische Verben gehen mit Haupt-
wörtern eine Einheit ein:

| 吃饭 | **chī fàn** tschi-fan | (das) Essen |
|---|---|---|
| 买东西 | **mǎi dōngxi** | Einkaufen |
| | mai dung-chi | *kaufen Sachen* |
| 打电话 | **dǎ diàn-huà** | Telefonieren |
| | da diän-hua | *senden Telefon* |
| 说话 | **shuōhuà** | sprechen |
| | schuo-hua | *sprechen-Worte* |

Bei shuōhuà wird die Sprache direkt zwischen
den Wortteilen 说 shuō *sprechen* und 话 huà
*Worte* eingesetzt, also z. B. „chinesisch

*Oder „Englisch sprechen": 说英语 shuō yīngyǔ huà, aber nicht shuōhuà yīngyǔ!*

sprechen": 说中国话 shuō zhōngguó huà *sprechen China-Land Worte,* aber nicht: 说话中国话 shuōhuà zhōngguó huà.

Wenn man etwas Bestimmtes kaufen will, muss man dongxi durch das entsprechende Wort ersetzen, wie vorher bei „Tee kaufen", mai dongxi cha geht nicht!

*Sätze mit Verben folgen dem Muster Subjekt- Prädikat- Objekt.*

| 我问你 | 你问我 |
|---|---|
| **Wǒ wèn nǐ.** | **Nǐ wèn wǒ.** |
| Wo wen ni | Ni wön wo |
| *ich fragen du* | *du fragen ich* |
| Ich frage dich. | Du fragst mich. |

| 我爱你 | 你爱我 |
|---|---|
| **Wǒ ài nǐ.** | **Nǐ ài wǒ.** |
| wo ai ni | ni ai wo |
| *ich lieben du* | *du lieben mich* |
| Ich liebe dich. | Du liebst mich. |

### Zeiten

Es gibt Zeichensilben, die die Zeiten abändern. Sehr wichtig ist das Zeichen 了 le. Es zeigt an, ob eine Handlung abgeschlossen oder vollendet ist.

| 我喝了 | **wǒ hēle** | wo ~~ehe-~~le | ich trank |
|---|---|---|---|
| 我带了 | **wǒ dàile** | wodai-le | ich brachte |
| 我买了 | **wǒ mǎile** | wo mai-le | ich kaufte |
| 我来了 | **wǒ láile** | wo lai-le | ich kam |

Das andere sehr wichtige Zeichen, um Vergangenheit anzuzeigen, ist 过 guò, das ausdrückt, ob man etwas schon mal getan oder erlebt hat (oder nicht).

我喝过茶
**wǒ hēguò chá**
wo he-guo tscha
*ich trinken (Verg.) Tee*
Ich habe (früher schon mal) Tee getrunken.

你吃过中国菜吗
**Nǐ chīguò zhōngguó cài ma**
Ni tschi-guo tschung-guo-tsai ma
*Du essen(-Verg.) China-Land Speise FP*
Hast du schon (mal) chinesisch gegessen?

Die Antwort auf diese Frage:

吃过中国菜 （吃过）
**chī guò zhōngguó cài (chī guò)**
tschi-guo tschung-guo-tsai (tschi-guo).
*essen(-Verg.) China-Land Speise [essen(-Verg.)]*
Ich habe (schon mal) chinesisch gegessen.

Oder einfach:

吃过
**Chī guò.**
tschi-guo
*essen(Verg.)*
(Ich) habe (es) gegessen.

Man kann hier auch guo und le zusammen verwenden, also:

吃过了
**Chī guò le.**
tschi-guo-le
*essen(Verg.) (Verg.)*
(Ich) habe (es) gegessen.

Wenn man diese Frage verneint, dann mit 没有 méiyǒu. Das ist die Verneinung in der Vergangenheit, sowohl für 了 le als auch für 过 guò.

我没有吃过中国菜
**Wǒ méiyǒu chī guò zhōngguó cài**
wo mäi-you tschi-guo tschung-guo-tsai
*ich nicht haben essen(-Verg.) China Essen*
Ich habe (noch nie) Chinesisch gegessen.

Noch ein Beispiel:
你去过西藏吗
**Nǐ qùguò xī zàng ma?**
Ni tjü-guo chi-tsang ma
*Du gehen(-Verg.) Tibet FP*
Bist du schon einmal in Tibet gewesen?

Antwort:          Oder neagtiv:

去过              没有去过
**Qùguò.**          **Méiyǒu qùguò.**
tjü-guo            mäi-you tjü-guo
Ja, war ich        *nicht-haben gehen(-Verg.)*
schon mal.         Nein, war ich noch nicht.

你吃饭了吗

**Ni chī-fàn le ma?**

ni tschi-fan le ma

*du essen (-Verg.) FP*

Hast du (schon) gegessen?

| | |
|---|---|
| 吃了 | 没有 |
| **chī le** | **méiyǒu** |
| tschi-le | mäi-you |
| *gegessen* | *nicht-haben* |
| Ja, ich habe gegessen. | Nein, noch nicht. |

### Zusammenfassung

**Gegenwart:**

| 我 来 | **wǒ lái**<br>wo lai | ich komme |
|---|---|---|
| 我不来 | **wǒ bù lái**<br>wo bu lai | ich komme nicht |

**Vergangenheit :**

| 我来了 | **wǒ láile**<br>wolai-le | ich kam |
|---|---|---|
| 我没有来 | **wǒ méiyǒu lái**<br>wo mäi-you lai | ich bin nicht gekommen |

### Zukunft

Um die Zukunft zu kennzeichnen, stellt man dem Verb lediglich eine Zeitangabe voran, die sich auf die Zukunft bezieht. Auch im Deutschen gibt es diese Möglichkeit, um etwas Zukünftiges auszudrücken.

我明天买机票
**Wǒ míngtiān mǎi jī piào.**
wo ming-tiän mai tji-piao
*ich morgen kaufen Flug-Karte(n)*
Ich kaufe morgen Flugtickets.

Die Verneinung erfolgt ebenfalls mit 不 bù:

我明天不买机票
**Wǒ míngtiān bú mǎi jī piào.**
wo ming-tiän bu-mai tji-piao
*ich morgen nicht kaufen Flug-Karte(n)*
Ich kaufe morgen keine Flugtickets.

Stellt man vor das Verb das Wort 将 jiāng djiang
(„werden", „dabei sein zu"), bedeutet der Satz,
dass etwas in der nahen Zukunft geschieht.

他 将 去 中国 学习。
**Tā jiāng qù zhōngguó xuéxí.**
ta djiang tjü dschung-guo chüe-chi
*er dabeisein gehen Mitte-Land studieren*
Er wird zum Studium nach China gehen.

Auch mit den Hilfswörtern 会 huì für „kön-
nen", „etwas können" und 要 yào „wollen"
kann man die Zukunft ausdrücken.

明天 会 下 雨
**Míngtiān huì xià yǔ.**
ming-tiän ~~ch~~ui chia yü
*morgen können herabfallen Regen*
Morgen wird es regnen.

他会去德国
**Tā huì qù déguó**
ta ~~ehui~~ tjü de-guo
*er können gehen Deutschland*
Er wird nach Deutschland gehen.

他要来
**Tā yào lái.**
ta yao lai
*er wollen kommen*
Er wird kommen.

*In diesen drei Sätzen
Sätzen ist der Sprecher
sich ziemlich sicher,
dass es so sein wird.*

## Zustandsänderung mit „le"

Das Wörtchen 了 le zeigt nicht nur die Vergangenheit an, sondern auch die Änderung eines Zustandes an. Dazu hängt man le an das Satzende. Mit Eigenschaftswörtern:

| | |
|---|---|
| 我饿 | 我饿了 |
| **Wǒ è.** | **Wǒ èle.** |
| wo e | wo ele |
| *ich hungrig* | *ich hungrig-P* |
| Ich bin hungrig. | Ich bin hungrig geworden. (gerade eben war ich noch nicht hungrig!) |

我累了
**Wǒ lèile.**
wo läile
*ich müde-P*
Ich bin müde geworden.

他老了
**Tā lǎole.**
ta laole
*er alt-P*
Er ist alt geworden.

Das gleiche gilt für Verben.

他来了
**Tā láile.**
ta laile
*er kommen-P*
Er ist (gerade eben) gekommen.

客人来了
**Kèrén láile.**
ke-shen lai le
*Gast-Mensch kommen P*
Die Gäste sind (gerade) gekommen.

下雨了
**Xià yǔle**
chia yüle
*herabfallen Regen-P*
Es hat angefangen zu regnen.
(es regnet jetzt, vorhin hat es nicht geregnet).

出租车来了
**Chū-zū-chē láile.**
tschu̱-dsu̱-tsché laile
*Taxi kommen-P*
Das Taxi kommt / ist (gerade) gekommen.

车来了吗
**chē láile ma?**
tsché laile ma
*Wagen kommen-P FP*
Ist das Auto da?

来了                     没有来
**Láile.**                **Méiyǒu lái.**
laile                    mäi-you lai
*kommen-P*               *nicht-haben kommen*
Es ist gekommen.         Es ist nicht da.

不 bù mit 了 le kombiniert hat die Bedeutung,
dass etwas „nicht mehr" so ist oder geschieht:

我累了
**Wǒ lèile.**
wo läile
Ich bin (jetzt)
müde (geworden).

我不累了
**Wǒ bù lèile.**
wo bu läile
Ich bin nicht
mehr müde.

Und mit Verben:

出租车来了
**Chū-zū-chē láile.**
tschu-dsu-tsché lai le
*Taxi kommen P*
Das Taxi kommt
(gerade).

出租车不来了
**Chū-zū-chē bù láile**
tschu-dsu-tsché bu lai le
*Taxi nicht kommen P*
Das Taxi kommt
nicht mehr.

Beim Einkaufen etwa hört man manchmal:

卖完
**Mài wán!**
mai wan
*kaufen zu-Ende-sein*
Ausverkauft!

卖完了
**Mài wánle!**
Mai wan-le
*kaufen zu-Ende-sein-P*
Es ist (jetzt)
ausverkauft.

没有
**Méiyǒu.**
mäiyou
*nicht-haben*
(Das) gibt es nicht.

没有了
**Méiyǒule.**
mäiyou-le
*nicht-haben-P*
(Das) gibt es jetzt
nicht mehr.

## Zusammenfassendes Beispiel

我抽烟
**Wǒ chōuyān.**
wo tschou-yän
*ich herausziehen-Rauch*
Ich rauche.

我不抽烟
**Wǒ bù chōuyān.**
wo bu tschou-yän
*ich nicht herausziehen-Rauch*
Ich rauche nicht.

我抽烟了
**Wǒ chōuyānle.**
wo tschou-yän-le
*ich herausziehen-Rauch-P*
Ich habe (gerade eben) geraucht.

我不抽烟了
**Wǒ bù chōuyānle.**
wo bu tschou-yän le
*ich nicht herausziehen-Rauch-P*
Ich rauche nicht mehr.

我抽过烟
**Wǒ chōuguò yān.**
wo tschou-guo-yän
*ich herausziehen-(Verg.) Rauch*
Ich habe (schon mal) geraucht.

我没有抽过烟
**Wǒ méiyǒu chōuguò yān.**
wo mäi-you tschou-guo yän
*ich nicht-haben herausziehen-Verg. Rauch*
Ich habe noch nie geraucht.

## Art und Weise

Es gibt im Chinesischen zwei Möglichkeiten, die Art und Weise einer Handlung näher zu bestimmen. Um auszudrücken, wie eine Handlung, die (gerade) vor sich geht, geschieht, setzt man <u>vor das Verb</u> ein Eigenschaftswort (Adjektiv) mit der Partikel 地 de und macht es so zu einer adverbialen Bestimmung der Art und Weise:

她慢慢地跑步
**Tā màn man de pǎobù.**
ta man-man de paobu
*Sie langsam-langsam P laufen*
Sie läuft/joggt langsam.

他大声地唱
**Tā dàshēng de chàng.**
ta dascheng de tschang
*sie groß-Stimme P singen*
Sie singt laut.

Setzt man jedoch ein Eigenschaftswort (Adjektiv) mit der Partikel 地 de <u>hinter das Verb</u>, drückt man damit den Grad oder das Ausmaß aus, den die Handlung erreicht hat. Das ist ungefähr die chinesische Entsprechung der deutschen Konstruktion „so dass":

她唱得好听
**Tā chàng de hǎotīng.**
ta tschang de haoting
*sie singen P gut-hören*
Sie sang, so dass es schön anzuhören war.
= Sie sang schön.

这本书写得非常好
**Zhè běn shū xiě dé fēicháng hǎo.**
tsche ben schu chie de feitschang chau
*Dieses Stück Buch schreiben P äußerst gut*
Dieses Buch ist sehr gut geschrieben
(so geschrieben, dass es gut ist).

Es gibt allerdings drei verschiedene Partikeln,
die alle de ausgesprochen, aber verschieden ge-
schrieben werden.

## Bindewörter

Im Chinesischen gibt es Bindewörter, die nur Personen und Sachen verbinden, und solche, die Sätze miteinander verbinden. Bindewörter (Konjunktionen) werden im Chinesischen seltener als im Deutschen gebraucht, denn der Sinn geht häufig klar aus dem Zusammenhang hervor.

| | | | |
|---|---|---|---|
| *(Hauptwörter & Personen)* | 和 | **hé** he | und |
| *(nur Personen)* | 跟 | **gēn** gen | und/mit |
| *(im Nebensatz)* | 也 | **yě** yä | auch, und |
| | 并且 | **bìng-qiě** bing-tjiä | außerdem |
| | 而且 | **ér-qiě** är-tjiä | außerdem |
| | 不然 | **bù-rán** bu-shan | sonst |
| | 但是 | **dànshì ...** dan-schi ... | aber |
| *(Aussagesatz)* | 或者 | **huò-zhě** ~~chuo~~-dshä | oder |
| *(Fragesatz)* | 还是 | **haí-shì** ~~chai~~-schi | oder |
| | 虽然 | **suī rán ...** sui-shan ... | zwar |

## Zusammengesetzte Konjunktionen

| 不但 而且 | **bú-dàn ... ér-qiě ...** | nicht nur ... |
|---|---|---|
| | bu-dan ... är-tjiä | sondern auch ... |
| 不是 就是 | **bú-shì ... jiù-shī ...** | wenn nicht ... |
| | bu-schi ... djiu-schi ... | dann ... *(deshalb)* |
| 是 还是 | **shì ... hái-shì ...** | entweder ... |
| | schi ... ~~chai~~-schi ... | oder ... *(Fragesatz)* |
| （或者） 或者 | **(huò-zhě) ... huò-zhě ...** | entweder ... |
| | (~~ch~~uo-dshä) ... ~~ch~~uo-dshä ... | oder ... *(Aussagesatz)* |
| 要是 就 | **yàoshi ... jiù ...** | falls/wenn ... |
| | yau-schį ... djiu ... | dann ... |
| 如果 。。。 | **rúguǒ ...** shu-guo ... | falls/wenn ... |
| 就 。。。 | **jiù ...** djiu ... | dann ... |
| 因为 。。。 所以 | **yīnwèi ... suǒyǐ** | weil |
| | yinwäi ... suo-yi | |
| 。。。 的时候 | **... de shíhòu** | wenn (zeitlich) |
| | de schi-chou | |

**和 hé / 跟 gēn** – und

| 我和你 | 我和他是好朋友 | |
|---|---|---|
| **wǒ hé nǐ** | **Wǒ hé tā shì hǎo péngyǒu.** | *Die Bindewörter* |
| wo he ni | wo he ta schi-chau peng-you | *für „und", 和 hé und* |
| ich und du | *ich und er sein gut Freund* | *跟 gēn, verbinden* |
| | Ich und er sind gute Freunde. | *nur Hauptwörter und* |
| | | *Personen miteinander,* |
| | | *keine Sätze!* |

我跟你一起去吃饭，好吗？
**Wǒ gēn nǐ yīqǐ qù chīfàn, hǎo ma?**
Wo gön ni yidji tjü tschį fan, chau ma
*Ich zusammen du gehen essen gut FP*
Wir gehen zusammen essen, einverstanden?

## 也 yě – auch

*Die folgenden Sätze sind Beispiele für Bindewörter, die Sätze miteinander verbinden.*

他要咖啡，我也要咖啡
**Tā yào kāfēi, wǒ yě yào kāfēi.**
ta yau kafei, wo yiä yau kafei
*er mögen Kaffee ich auch mögen Kaffee*
Er möchte Kaffee, ich möchte auch Kaffee.

我是人，他也是人
**Wǒ shì rén, tā yěshì rén.**
wo schi̵ shen, ta yiä schi̵ shen
Ich bin (ein) Mensch, er ist auch (ein) Mensch.

我吃饭，他也吃饭
**Wǒ chī-fàn, tā yě chī-fàn.**
wo tschi̵-fan, ta yiä tschi̵-fan.
*ich essen-Essen, er auch essen-Essen*
Ich esse, er isst auch.

## 还是 háishì / 或者 huòzhě – oder

*还是 haishi betont mehr die ausschließlichen Alternativen, in Alternativfragen wird nur haishi gebraucht.*
*或者 huòzhě betont mehr die veschiedenen Möglichkeiten, die es gibt (und die alle in Frage kommen).*

你去，还是他去？
**Nǐ qù, háishì tā qù?**
ni tjü, haishi ta tjü
*du gehen oder er gehen*
Gehst du, oder geht er?

你付钱还是我付钱？
**Nǐ fù qián háishì wǒ fù qián?**
ni fu-tjiän haishi wo fu-tjiän
*du zahlen Geld oder ich zahlen Geld*
Zahlst du oder ich?

我想喝咖啡或茶
**wǒ xiǎng hē kāfēi huò chá.**
wo chiang hé kafäi chuo tscha
*ich mögen Kaffee oder Tee*
Ich mag Kaffee oder Tee trinken (beides geht).

### 但是 **dànshì** – aber

很好吃，但是我吃饱了。
**Hěn hào chī, dànshì wǒ chī bǎole.**
hen hau tschi danschï wo tschï-baole
*sehr gut essen aber ich essen satt- P*
(Es) schmeckt sehr gut, aber ich bin satt.

### 不然 **bùrán** – sonst

快点，不然我们会迟到了。
**Kuài diǎn, bùrán wǒmen huì chídào le.**
kuai diän bu-shan wo-men chui tschi-dao le
*schnell etwas sonst wir können verspätet ankommen P*
Etwas schneller, sonst werden wir uns verspäten.

### 要是   就   **yàoshi ... jiù ...**   falls/wenn ...

你要是不喜欢，就不吃。
**Nǐ yàoshi bù xǐhuan, jiù bù chī.**
ni yau-schï bu chichuan djiu bu tschï
*du falls nicht mögen dann nicht essen*
Wenn du es nicht magst, dann iss es nicht.

Weitere Beispiele zur Verwendung
der Bindewörter:

因为 ... 所以 **yīnwèi ... suǒyǐ** – weil, deswegen

因为太热，所以我要喝冰可乐。
**Yīnwèi tài rè, suǒyǐ wǒ yào hē bīng kělè.**
yinwäi tai she suoyi wo yau he bing kele
*weil zu warm deshalb ich wollen trinken kalt Cola*
Weil es zu heiß ist, möchte ich eine kalte
Cola trinken.

我们等出租车的时候下雨了。
**Wǒmen děng chūzūchē de shíhòu xià yǔle.**
women deng tschu-dsu-tsche de schїhou chia-yü le
*wir warten Taxi wenn herabfallen Regen P*
Als wir auf das Taxi warteten, regnete es.

饭店子虽然老,但是很舒服。
**Fàndiàn suīrán lǎo, dànshì hěn shūfú.**
fandiän suishan lao danschїhen shufu
*Hotel obwohl alt aber sehr angenehm*
Obwohl das Hotel alt ist, ist es
angenehm/komfortabel.

## Relativsätze

Deutsche Relativsätze kann man im Chinesi-
schen durch Voranstellen der bekannten Par-
tikel de ausdrücken:

我有一个会说英语的朋友。
**Wǒ yǒu yīgè huì shuō yīngyǔ de péngyǒu.**
*ich haben 1 Stück können sprechen Englisch P Freund*
Ich habe einen Freund, der Englisch kann.

## Verhältniswörter

Im Chinesischen gibt es eigentlich keine reinen Verhältniswörter (Präpositionen) wie im Deutschen, oft sind es Verben mit „präpositionaler Bedeutung".

| als ... | | Vollverb | Verhältniswort |
|---------|---|----------|----------------|
| 在 | **zài** dsai | sich befinden | in (örtlich) |
| 用 | **yòng** yung | benutzen | mit |
| 拿 | **ná** na | nehmen | mit |
| 给 | **gěi** gäi | geben | für |
| 对 | **duì** dui | gerichtet sein | zu |

她在北京。 他用筷子吃饭。
**Tā zài Běi-jīng.** **Tā yòng kuài-zi chī-fàn.**
ta dsai Bäi-jing ta yung kuai-dsɨ tschɨ-fan
*sie in Peking* *er mit Stäbchen essen-Essen*
Sie ist in Peking. Er isst mit Stäbchen.

请给他买票。
**Qǐng gěi tā mǎi piào.**
tjing gäi ta mai piau
*bitten für er kaufen Karte*
Kauf ihm bitte einTicket.

*(mit Karte ist hier Ticket gemeint, und nicht Landkarte, Postkarte oder ähnliches!)*

我在北京工作。
**Wǒ zài Běi-jīng gōng-zuò.**
wo dsai bäi-djing gung-dsuo
*ich in Peking arbeiten*
Ich arbeite in Peking.

我们想用中文说话。
**Wǒmen xiǎng yòng zhōng-wén shūo-huà.**
womèn chiang yung dshung-wén schuo-chua
*wir möchten mit chinesisch-Sprache sprechen*
Wir wollen uns auf Chinesisch unterhalten.

她对我很好.
**Tā duì wǒ hěn hǎo.**
ta dui wo chen-chao
*sie zu mir sehr gut*
Sie ist gut zu mir.

Auch das Passiv kann man im Chinesischen so bilden, und zwar mit dem Verb für „erleiden": 被 bèi bäi = von.

我被他打了
**Wǒ bèi tā dǎ le.**
wo bäi ta da le
*ich von er schlagen(-Verg)*
Ich bin von ihm geschlagen worden.

## Ortsangaben

边 biān *kann überall auch durch* 面 miàn *ersetzt werden. Allein bedeutet* biān „Seite" *und* miàn „Gesicht" *oder* „Seite". *Aber bei* „gegenüber" *wird nur* 对面 duìmiàn *benutzt.*

| 里边 | **lǐ(-bian)** li(-biän) | innen |
|------|------|------|
| 外边 | **wài(-bian)** wai(-biän) | außen |
| 中间 | **zhōng(-jiān)** dshung(-dshiän) | zwischen |
| 上边 | **shàng(-bian)** schang(-biän) | oben, auf |
| 前边 | **xià(-bian)** chia(-biän) | unten |
| 前边 | **qián(-bian)** tjiän(-biän) | vorn |
| 后边 | **hòu(-bian)** chou(-biän) | hinten |

| 左边 | **zuǒ(-bian)** | dsuo(-biän) | links |
|------|----------------|-------------|-------|
| 右边 | **yòu(-bian)** | you(-biän) | rechts |
| 旁边 | **páng(-biān)** | pang(-biän) | neben |
| 对面 | **duìmiàn** | dui(-miän) | gegenüber |
| 那边 | **nà(- bian)** | na-biän | dort |
| 这边 | **zhè (-bian)** | dsche-biän | hier |

„Links" und „rechts" zusammen als ein Wort
(左右 zuǒyòu) bedeutet „ungefähr":

七公里左右
**qī shí gōnglǐ zuǒyòu**
ungefähr 7 km

Ortsangaben stehen entweder nach dem
Hauptwort, oder aber sie stehen wie Eigen-
schaftswörter mit der angehängten Partikel de
vor dem Hauptwort, auf das sie sich beziehen:

学校 左边                  桌子上
**xué-xiào zuǒ-bian**       **zhuō-zi shàng**
chüä-chiau dsuo-biän       dshuo-dsɨ schang
*Schule links*              *Tisch auf*
links neben der Schule      auf dem Tisch

前面的人
**qiánmiàn de rén**
tjiänmen de shen
*vorne P Mensch*
der Mensch/die Menschen vorne

Wenn ich aber vor die Ortsangabe noch einen
Bezug setze, dann heißt es:

在我对面的人
**zài wǒ duìmiàn de rén**
dsai wo dui-miän de shen
*befinden ich gegenüber P Mensch*
die Person mir gegenüber

Im Satz stehen Ortsangaben generell vor der Satzaussage (Prädikat). Steht kein anderes Verb, nimmt man shì (sein) oder yǒu (haben):

街上有很多人。
**Jiē shàng yǒu hěn duō rén.**
djiä schang you ~~chën~~ duo shen
*Straße auf haben sehr viel Mensch*
Auf der Straße sind viele Leute.

我在里边/外边等你。
**Wǒ zài lǐ-bian / wài-mian děng nǐ.**
wo dsai li-biän / wai-miän děng ni
*ich in drinnen / draußen warten du*
Ich warte drinnen / draußen auf dich.

旁边是咖啡店，
**Pángbiān shì kāfēi-diàn, ...**
pang-biän schi ka-fäi-diän
*neben Seite sein Café Laden*
Nebenan ist ein Café, ...

对面有书店
**... duìmiàn yǒu shū-diàn.**
dui-miän you schu-diän
*gegenüber geben Buch Laden*
... gegenüber gibt es einen Buchladen.

## Richtungsangaben

Folgende Verben der Bewegung werden häufig wie Verhältniswörter, die eine Richtung bezeichnen, verwendet:

|        |       | **Vollverb**    | **Verhältniswort** |
|--------|-------|-----------------|--------------------|
| **dào**  | dao    | ankommen        | nach, zu, in       |
| **wǎng** | wang   | gehen           | in Richtung auf    |
| **shàng**| schang | hinaufsteigen   | nach               |
| **cóng** | tsung  | folgen          | von                |

Mit Richtungsangaben kann man Sätze z. B. so umformulieren:

他往上海去
**Tā wǎng shànghǎi qù.**
ta wang Schanghai tjü
*er in-Richtung Shanghai gehen*
Er geht nach Shanghai.

他到上海来
**Tā dào shànghǎi lái.**
ta dao Shanghai lai
*er nach Shanghai kommen*
Er kommt nach Shanghai.

他上厕所去
**Tā shàng cèsuǒ qù.**
ta schang tse-ßuo tjü
*er nach Toilette gehen*
Er geht zur Toilette.

他从厕所来
**Tā cóng cèsuǒ lái.**
ta tsung tse-ßuo lai
*er von Toilette kommen*
Er kommt von der Toilette.

## hin & her

去 qù (hingehen) und 来 lái (herkommen) geben zusammen mit einem anderen Verb der Bewegung eine bestimmte Richtung an: qù vom Sprecher weg und lái auf den Sprecher zu.

| | | |
|---|---|---|
| 带来 | **dài lái** | mitbringen |
| 带去 | **dài qù** | mitnehmen |
| 出来 | **chū lái** | herauskommen |
| 出去 | **chū qù** | hinausgehen |

我们到日本去。
**Wǒmen dào rìběn qù.**
women dao shi-ben tjü.
*wir nach Sonne-Ursprung gehen*
Wir gehen/fahren nach Japan.

我在楼上, 请你马上上来
**Wǒ zài lóu shàng, qǐng nǐ mǎshàng shànglái.**
wo dsai lou schang, tjing ni maschang shanglai
*ich sich-befinden Gebäude oben,*
*bitte du sofort heraufkommen*
Ich bin oben im Geäude,
komm bitte sofort herauf!

我在楼下, 你赶快 下来吧。
**Wǒ zài lóu xià, nǐ gǎnkuài xiàlái ba.**
wo dsai lou chia, ni gankuai chia-lai ba
*ich sich-befinden Gebäude unten,*
*du schnell herabkommen BP*
Ich bin im Erdgeschoss,
komm bitte schnell herab!

他从德国来.
**Tā cóng déguó lái.**
ta tsung deguo lai
*er von Deutschland kommen*
Er kommt aus Deutschland.

这里的天气很好
**Zhèlǐ de tiānqì hěn hǎo.**
dsche-li de tiän-tji chen chao
*hier P Wetter sehr gut*
Das Wetter hier ist gut.

请到我这里来。
**Qǐng dào wǒ zhèlǐ lái.**
tjing dao wo dsche-li lai
*bitte zu mir hierher kommen*
Bitte komm zu mir!

我明天到他那里去。
**Wǒ míngtiān dào tā nàlǐ qù.**
wo ming-tiän dao ta na-li tjü
*ich morgen zu ihm hin gehen*
Ich gehe morgen zu ihm.

*Gebraucht man*
这里 zhèlǐ *(hier)*
*und* 那里 nàlǐ *(dort)*
*zusammen mit einem*
*Personalfürwort oder*
*einer Person, dann*
*muss man es dahinter*
*stellen! Also z. B.*
wǒ zhèlǐ „zu mir her",
dào tā nàlǐ „zu ihm hin".
*Das Fürwort steht vor*
*der Richtungsangabe.*

## Auffordern, bitten & verbieten

**A**ussagesätze werden durch besondere Betonung zur Aufforderung oder zum Befehl. Im Deutschen sagt man zum Beispiel einfach „komm!" Im Chinesischen habe ich dafür zwei Möglichkeiten:

| 来! | **Lái!** la̱i | *kommen* | Komm! |
| 你来! | **Nǐ lái!** ni la̱ | *du kommen* | Komm ! |
| 看! | **Kàn!** kan | *schauen* | Schau! |
| 你看! | **Nǐ kàn!** ni kan | *du schauen* | Schau! |

进来!          你来看!
**Jìnlái!**       **Nǐ lái kàn!**
tjin-la̱i         ni la̱i kan
*hereinkommen*   *du kommen schauen*
Herein!         Komm und schau!

*Höflicher ist es,*    来吧!          坐吧!
*wenn man* 吧 ba   **Lái ba!**      **Zuò ba!**
*ans Ende stellt. Es*   la̱i ba       dsu̱o ba
*ist dann mehr ein*   *kommen BP*   *setzen BP*
*„höfliches Zureden".*   Komm doch!   Setz dich doch!

Oder, wie in einem bekannten Werbeslogan:

休息休息吧!
**Xiūxí xiūxí ba!**
chiu̱chi chiu̱chi ba
*Ausruhen ausruhen BP*
Mach (doch) mal 'ne Pause!

Ebenfalls eine gern gebrauchte Aufforderung:

慢慢来！
**Màn man lái!**
man man lai
*langsam langsam kommen*
Nimm dir Zeit!

### Bitten

Am höflichsten ist es, ein 请 qǐng „Bitte" voranzustellen: 请坐 Qǐng zuò! tjing dsuo *(bitte setzen)* „Bitte nehmen Sie Platz!" bzw. „ Bitte nimm Platz!". Oder: 请进来吧 Qǐng jìnlái ba! tjing djin-lai ba *(bitte hereinkommen BP)* „Kommen Sie doch bitte herein!" / „Komm doch bitte herein!".

请您帮助我！
**Qǐng nín bāngzhù wǒ!**
tjing nin bangdschu wuo
*bitten Sie helfen mich*
Bitte helfen Sie mir!

Auch aus einem Eigenschaftswort kann man eine höfliche Aufforderung machen. Dazu hängt man 一点 yīdiǎn oder 一点儿 yīdiǎnr an:

请说慢一点
**Qǐng shuō màn yīdiǎnr.**
tjing schuo man yi-diänr
*Bitten sprechen langsam etwas*
Bitte sprich etwas langsamer!

请来早一点
**Qǐng lái zǎo yīdiǎnr.**
tjing lai dsao yi-diänr
*Bitte kommen früh etwas*
Bitte komm (kommen Sie) etwas früher!

| etwas vorschlagen | | |
|---|---|---|
| 好不好？ | **Hǎobù hǎo?** | Ist das O.K.? |
| | chaubu chao | *gut-nicht gut* |
| 好吗？ | **Hǎo ma?** | O.K.? |
| | chau ma | *gut FP* |
| 行吗？ | **Xíng ma?** | Geht das?/ O.K.? |
| | ching ma | *gehen FP* |
| 可以吗？ | **Kěyǐ ma?** | Darf ich (bitte) ... ? |
| | keyi ma | *können/dürfen FP* |

*(Ist es in Ordnung, wenn ... ?)*

今天晚上行吗？
**Jīntiān wǎnshàng xíng ma?**
djin-tiän wan-schang ching ma
*heute-Tag abend gehen FP*
Heute abend, in Ordnung (o.k.)?

我们去唱卡拉OK，好不好？
**Wǒmen qù chàng Kǎlā OK, hǎobùhǎo?**
women tju tschang kala OK haubuhau
*wir gehen singen Karaoke, gut-nicht-gut*
Wir gehen Karaoke singen, o.k.?

*Ein 可以吗 kěyǐ ma ist eine höfliche Bitte um Erlaubnis: (= Ist das o.k., wenn ich die Kreditkarte benutze?)*

用信用卡可以 吗？
**Yòng xìnyòngkǎ kěyǐ ma?**
yung chin-yung-ka keyi ma
*benutzen Kreditkarte können FP*
Kann ich hier die Kreditkarte benutzen?

我退两张票可以吗？
**Wǒ tuì liǎng zhāng piào kěyǐ ma?**
wo tui liang dschang piao keyi ma
*ich zurück geben zwei Karten können FP*
Kann ich die beiden Tickets zurückgeben?

*(= Ist es in Ordnung, wenn ich die beiden Tickets zurückgebe?)*

### Höfliches Verbot

Ein Verbot wird durch Voranstellen von 别 bié
„nicht, nicht tun" formuliert:

| | | | |
|---|---|---|---|
| 别 哭。 | **Bié kū.** biä ku | Weine nicht. | *nicht-tun weinen* |
| 别 生气！ | **Bié shēngqì!** | Ärger dich nicht! | *nicht-tun ärgern* |
| | biä scheng-tji | Sei nicht böse! | |
| 别着急 | **Bié zhāojí!** | Keine Aufregung! | *nicht-tun sorgen* |
| | biä dschau-dji | Nur die Ruhe! | |

Mit einem 了 le am Ende wird betont, dass jemand jetzt mit etwas aufhören soll:

别说了
**Bié shuōle.**
biä-schuo le
*nicht-tun sagen P*
Sag nichts mehr.

别笑了，别人，都在看你。
**Bié xiàole, biérén dōu zài kàn nǐ.**
biä chiau le, biä-shen dou dsai kan ni
*nicht-tun lachen P, andere Menschen
alle dabei sein schauen du/dich*
Hör auf zu lachen, die anderen
schauen dich alle an.

**B**ei Fragen, auf die man nur mit „ja" oder „nein" antworten kann, ist die Satzstellung wie im Aussagesatz, hat aber am Satzende die Fragepartikel ma.

你喜欢吃中餐
**Nǐ xǐ-huan chī zhōng-cān.**
ni chi̱-ch̶u̶an tschi̱ dshu̱ng-tsan
*du mögen essen chinesisch-Essen*
Du magst die chinesische Küche.

你喜欢吃中餐吗?
**Nǐ xǐ-huan chī zhōng-cān ma?**
ni chi̱-ch̶u̶an tschi̱ dshu̱ng-tsan ma
*du mögen essen chinesisch-Essen FP*
Magst du die chinesische Küche?

Anstatt ma kann dem Verb bù (nicht) und das Verb selbst noch einmal nachgestellt werden:

你和啤酒
**Nǐ hē pí-jiǔ.**
ni ch̶e̶ pi̱-djiu
*du trinken Bier*
Du trinkst Bier.

你和啤酒吗
**Nǐ hē bù hē pí-jiǔ?**
ni ch̶e̶ bu̱ ch̶e̶ pi̱-djiu
*du trinken nicht trinken Bier*
Trinkst du Bier?

## Wer, wie, was? Fragewörter

| 谁 | **shéi / shuí** | wer |
|---|---|---|
| | shäi/schui | |
| 哪 | **něi / nǎ** näi/na | welche(r, -s) |
| 什么 | **shénme** | was, welches |
| | schénmé | |
| 什么时候 | **shénme shí-hou** | wann |
| | schénmé schi-chou | |
| 去 哪里 | **qù nǎ-li** tjü na-li | wohin |
| 从哪里 | **cóng nǎ-li** | woher |
| | tsung na-li | |
| 多少 | **duōshao** | wie viel(e) |
| | duoschau | |
| 几 | **jǐ** dji | wie viel(e) *(Zahlen bis 10)* |
| 多久 | **duōjiǔ** | wie lange |
| | duodjiu | |
| 怎么（-样） | **zěnme(-yàng)** | wie, wieso |
| | dsénmé | |
| 为什么 | **wèi-shénme** | warum |
| | wäi-schénmé | |

*Bei Fragen mit Fragewörtern entfällt die Fragepartikel* ma!

*\*Beachte:* nǎr *(„wo") ist die Standardsprache in Beijing und Nordchina.*

| 他是谁？ | 谁来了？ |
|---|---|
| **Tā shì shuí?** | **Shuí lái-le?** |
| ta schì schui | schui lai-lè |
| *er/sie ist wer* | *wer kommen(-Verg.)* |
| Wer ist er/sie? | Wer ist gekommen? |

这是什么？
**Zhè shì shénme?**
dshė schi schęnmė
*dies ist was*
Was ist das?

哪一条街？
**Nǎ yì tiáo jiē?**
na yi tiau djiä
*welche ein Stück Straße*
Welche Straße?

商店几点开门？
**Shāng-diàn jǐ diǎn kāi-mén?**
schang-diän dji diän kai-mèn
*Geschäft wieviel Punkt öffnen-Tür*
Wann öffnet das Geschäft?

他什么时候来？
**Tā shénme shí-hou lái?**
ta schėnmė schi-hou lai
*er/sie was Zeit herkommen*
Wann kommt er/sie?

你待多久？
**Nǐ dài duōjiǔ?**
ni dai duodjiu
*du bleiben wie-lange*
Wie lange bleibst du/bleiben Sie?

## Wie?

Die beiden Wörter für „wie" im Chinesischen sehen zwar ziemlich ähnlich aus, aber sie werden doch unterschiedlich verwendet. 怎么 zěnme „wie" fragt mehr nach dem Grund oder der Ursache von etwas, während 怎么样 zěnme-yàng mehr danach fragt, wie etwas ist oder was man davon hält.

这个菜怎么样?
**Zhège cài zěnmeyàng?**
tsche-ge tsai dsenmeyang
*dies-Stück Speise wie*
Wie ist dieses Gericht? *(Wie schmeckt es?)*

这个菜怎么吃?
**Zhège cài zěnme chī?**
tsche-ge tsai dsenme tschi
*dies-Stück Speise wie essen*
Wie isst man dieses Gericht?

怎么办?
**Zěnme bàn?**
tsenme ban
*wie machen*
Was tun?

*Zěnme bàn? ist eine sehr gebräuchliche Redewendung, die oft gebraucht wird, wenn man mit seiner Weisheit am Ende ist.*

## Wie viel? Wie viele?

*Das Fragewort* 几 jǐ
*(„wie viel") fragt nur
nach Zahlen von
1 bis 10 und verlangt
ein „Kategoriewort"
(z. B.* ge*) zum Zählen
des Hauptwortes.
Das Fragewort* 多少
duōshao *bedeutet eben-
falls „wie viel", aber
ohne Beschränkung.*

来了几个人？
**Lái-le jǐ ge rén?**
lai-le̞ dji gė shėn
*kommen(-Verg.) wie-viel Stück Mensch*
Wie viele Leute sind gekommen?
*(= es werden bis zu 10 erwartet)*

来了多少人？
**Lái-le duōshao rén?**
lai-le̞ duo̞schau shėn
*herkommen(-Verg.) wieviel Mensch*
Wie viele Leute sind gekommen?
*(es können auch mehr als 10 sein)*

多少钱？
**Duōshao qián?**
duo̞schau tjiän
*wie-viel Geld*
Wie viel kostet das?

## Fragen mit Wahlmöglichkeit

Diese Art von Fragen werden mit dem Binde-
wort hái-shì (oder) gebildet:

你们吃中餐还是吃西餐？
**Nǐ men chī zhōng-cān hái-shì chī xī-cān?**
nimėn tschi̞ dshung-tsan <s>e</s>haischi̞ tschi̞ chi-tsan
*ihr essen chinesisch-Essen oder essen West-Essen*
Esst ihr chinesisches oder westliches Essen?

## Ja und Nein

**D**ie chinesischen Begriffe für „ja" und „nein" sind 是 shì bzw. 不 bù. Man kann aber auch das Verb aus der Frage wiederholen. Verneint wird das Verb mit 不 bù. In der Vergangenheit wird das Verb mit 没有 méiyǒu verneint.

Man kann auch einfach nur mit 不 bù „nein" antworten. Ausnahme ist wieder 有 yǒu („haben"), das mit 没 méi verneint wird. Hier muss man immer beim Verneinen sagen: 没有 méiyǒu.

Steht le am Satzende eines verneinten Aussagesatzes, erhält man die Bedeutung „nicht mehr":

**Wǒ bù chī-fàn-le.**
wo bu tschi-fan-lê
*ich nicht essen-Essen-P*
Ich esse nicht mehr.

**Méi yǒu le.**
mäi you lê
*nicht haben P*
Gibt es nicht mehr.

你打电话吗？      打！    不 (打)！
**Nǐ dǎ diàn-huà ma?**    **Dǎ!**    **Bù dǎ!**
ni da diän-chua ma    da    bu da
*du rufen Telefon FP*    *rufen*    *nicht rufen*
Rufst du an?    Ja!    Nein!

你是德国人吗？    是。    不 (是) 。
**Nǐ shì déguó-rén ma?**    **Shì.**    **Bú shì.**
ni schi dėguo-shén ma    schi    bu schi
*du sein Deutschland-Mensch FP*    *sein*    *nicht sein*
Sind Sie Deutsche(r)?    Ja.    Nein.

这里有没有啤酒？    有。    没有。
**Zhè-li yǒu méi yǒu pí-jiǔ?**    **Yǒu.**    **Méiyǒu.**
dschė-li you mäi you pi-djiu    you    mäiyou
*hier haben nicht haben Bier*    *haben*    *nicht-haben*
Gibt es hier Bier?    Ja.    Nein.

Beachte: Die Antwort auf Negativfragen ist
genau umgekehrt wie im Deutschen:

晚上你不吃饭吗？
**Wǎn-shang nǐ bù chī-fàn ma?**
wan-schang ni bu tschi-fan ma
*Abend du nicht essen-Essen FP*
Isst du abends nicht?

是的，不吃饭。      不，吃饭。
**Shì-de, bù chī-fàn.**    **Bù, chī-fàn.**
schi-de, bu tschi-fan    bu, tschi-fan
*sein-P, nicht essen-Essen*    *nein, essen-Essen*
Nein, ich esse nicht.    Doch, ich esse.

Um ein „Ja" oder ein „Nein" zu bekräftigen, kann man an das 是 shì ein de anhängen und erhält die Bedeutung: ja, so ist es.

你很忙吗？
**Nǐ hěn máng ma?**
ni chen mang ma
*du sein sehr beschäftigt FP*
Bist du sehr beschäftigt?

是的，（很忙）
**Shì de, (hěn máng).**
schi-de chen mang
*ja sehr beschäftigt*
Ja, ich bin sehr beschäftigt.

不，（ 不忙）
**Bù, (bù máng).**
bu bu mang
*nein nicht beschäftigt*
Nein, (ich hab nicht viel zu tun).

## Wollen, sollen, müssen ...

**W**ollen, sollen, müssen etc. stehen wie im Deutschen vor dem Vollverb.

| 能 | **néng** nèng | können, erlaubt sein (*natürliche Fähigkeit*) |
|---|---|---|
| 会 | **huì** chui | können, etwas zu tun verstehen (*erworbene Fähigkeit oder Möglichkeit; auch als Vollverb*) |
| 可以 | **kě-yǐ** kě-yi | können, dürfen, erlaubt sein |
| 想 | **xiǎng** chiang | denken, wünschen, mögen (*höflich*) |
| 要 | **yào** yau | müssen, sollen (*als Empfehlung*); mögen, wollen (*als Vollverb: verlangen*) |
| 应该 | **yīng-gāi** ying-gai | sollen (*verpflichtet sein*) |
| 得 | **děi** däi | müssen |
| 必须 | **bì-xū** bi-chü | müssen (*aber formeller als děi*) |
| 不必 | **bú-bì** bu-bi | nicht nötig, unnötig (*Verneinung von děi und bìxū*) |
| 不用 | **bú yòng** bu yung | nicht brauchen |

你能帮我吗？
**Ni néng bāng wǒ ma?**
ni nêng bang wo ma
*du können helfen ich FP*
Kannst du mir helfen?

我会说英语。
**Wǒ huì shūo yīng-yǔ.**
wo ~~ch~~ui schuo ying-yǔ
*ich können sprechen Englisch*
Ich kann Englisch sprechen.

他能吃很多。
**Tā néng chī hěnduō.**
ta neng tschi henduo
*er imstande-sein essen viel*
Er kann viel essen.

他会做菜。                                                    *(=er hat die erlernte*
**Tā huì zuò cài.**                                            *Fähigkeit zu kochen)*
ta hui tsuo tsai
*er können machen Speise*
Er kann kochen.

huì im Sinn einer Wahrscheinlichkeit oder
Möglichkeit:

你可以回去。                                                  *(im Sinne von:*
**Nǐ kě-yǐ huí qù.**                                          *ich erlaube es dir)*
ni kě-yǐ ~~ch~~ui tjü
*du dürfen können hinfahren*
Du darfst zurück-/wegfahren.

我得走
**Wǒ děi zǒu.**
wo däi dsou
*ich müssen gehen*
Ich muss jetzt leider gehen.

## Fragen

你能不能来?
**Nǐ néng bù néng lái?**
ni nèng bu nèng lai
*du können nicht können herkommen*
Kannst du kommen?

你什么时候能来?
**Nǐ shénme shí-hou néng lái?**
ni schénmè schi-ehou nèng lai
*du was Zeit können herkommen*
Wann kannst du kommen?

## Verneinung

Modalverben werden wie andere Verben in der
Regel mit bù (nicht) verneint. Mit méi (nicht)
kann verneint werden, wenn die Handlung
bereits abgeschlossenen ist.

你不要来 他不应该来
**Nǐ bú yào lái!** **Tā bú yīng-gāi lái.**
ni bu yau lai ta bu ying-gai lai
*du nicht sollen kommen* *er nicht sollen kommen*
Komm nicht! Er soll nicht kommen.

Foto: © harmonie57.fotolia.com

不要哭
**Bú yào kū.**
bu yau ku
*nicht müssen weinen*
Wein nicht!

这里不可以抽烟
**Zhè-li bù kě-yǐ chōu-yan!**
dschě-li bu kě-yi tschou-yän
*hier nicht dürfen rauchen*
Rauchen verboten!

## Zahlen & Zählen

**Z**ahlen kann man in chinesischer Schrift schreiben oder, wie heute im Alltag und im Geschäftsleben üblich, mit arabischen Ziffern.

| 零 | 0 | **líng** | ling |
|---|---|---|---|
| 一 | 1 | **yī** | yi |
| 二 | 2 | **èr** | èr |
| 两 | | **liǎng** | liang |
| 三 | 3 | **sān** | ßan |
| 四 | 4 | **sì** | ßi |
| 五 | 5 | **wǔ** | wu |
| 六 | 6 | **liù** | liu |
| 七 | 7 | **qī** | tji |
| 八 | 8 | **bā** | ba |
| 九 | 9 | **jiǔ** | djiu |
| 十 | 10 | **shí** | schi |

*Für den Geldverkehr werden nicht die normalen Zeichen benutzt. Ansonsten könnte man leicht aus 100 Millionen 300 Millionen machen. Man bräuchte nur dem Schriftzeichen für „eins" zwei Striche hinzuzufügen:*
一亿 *yī yì wird zu*
三亿 *sān yì!*

Die Zahlen von 11-19 werden mit shí plus Grundzahl gebildet:

| 十一 | 11 | **shí-yī** | schi-yi | *zehn-eins* |
|---|---|---|---|---|
| 十二 | 12 | **shí-èr** | schi-èr | *zehn-zwei* |
| 十三 | 13 | **shí-sān** | schi-ßan | *zehn-drei* |

Bei den Zehnerzahlen steht die Grundzahl nun vor shí.

| 二十 | **èr-shí** èr-schí | 20 | *zwei-zehn* |
|------|-------------------|-----|-------------|
| 三十 | **sān-shí** ßan-schí | 30 | *drei-zehn* |
| 四十 | **sì-shí** ßì-schí | 40 | *vier-zehn* |

Für die zusammengesetzten Zahlen von 21–29, 31–39 etc. wird der Einer angehängt:

| 二十一 | **èr-shí-yī** èr-schí-yi | 21 | *zwei-zehn-eins* |
|--------|--------------------------|-----|------------------|
| 二十二 | **èr-shí-èr** èr-schí-èr | 22 | *zwei-zehn-zwei* |
| 二十三 | **èr-shí-sān** èr-schí-ßan | 23 (usw.) | |
| 一百 | **yì-bǎi** yi-bai | 100 | |
| 一千 | **yì-qiān** yi-tjiän | 1000 | |
| 一万 | **yí-wàn** yi-wan | 10.000 | |
| 一百万 | **yì-bǎi-wàn** yi-bai-wan | 1.000.000 | |
| 一亿 | **yí-yì** yi-yi | 100.000.000 | |
| 二百 | **èr-bǎi** èr-bai | 200 | *zwei-hundert* |
| 三千 | **sān-qiān** ßan-tjiän | 3000 | *drei-tausend* |
| 四万 | **sì-wàn** ßì-wan | 40.000 | *vier-zehntausend* |

一百零一
**yì-bǎi líng-yī**
yi-bai ling-yi
*eins-hundert null-eins*
101

**yì-qiān jiǔ-bǎi jiǔ-shí-sì**
yi-tjiän djiu-bai djiu-schí-ßì
*eins-tausend neun-hundert neun-zehn-vier*
1994

## Ordnungszahlen

Zur Bildung einer Ordnungszahl stellt man der jeweiligen Grundzahl die Partikel dì voran. Die Ordnungszahlen stehen unmittelbar vor dem Bezugswort.

| 第一 | **dì-yī** di-yi | erste(-r, -s) |
|------|------|------|
| 第二 | **dì-èr** di-èr | zweite(r, -s) |
| 第三 | **dì-sān** di-ßan | dritte(r, -s) |

第三月
**dì-sān yuè**
di-ßan yüä
*P-drei Monat*
dritter Monat = März

第一声
**dì yī shēng**
di yi schēng
*P-eins Ton*
erster Ton

Wenn die Partikel dì entfällt, sieht man anhand des fehlenden Kategoriewortes, dass es sich um eine Ordnungszahl handelt.

Steht hingegen ein Kategoriewort, z. B. ge (Stück), wird das Hauptwort gezählt: 他二哥 tā èr gē ta er gé *(sein zwei Bruder)* „sein zweiter Bruder".

Man kann auch ein Kategoriewort und ein Hauptwort hinzufügen:

我是第一个人。
**wǒ shì dì yī gè rén.**
wo schi diyi ge shen
*ich sein P eins Stück Mensch*
Ich bin die erste Person.

右边第二个门是洗手间.
**Yòubiān dì èr ge mén shì xǐ shǒujiān.**
you-biān di er ge men schi chischou-djiän
*rechts P zwei Stück Tür sein waschen Raum*
Die zweite Tür rechts ist die Toilette.

第一次                     第三天
**dì yī cì**               **dì sān tiān**
di-yi-tsɨ                   di-san-tiān
*P eins Mal*               *P drei Tag*
das erste Mal             der dritte Tag

Manche Wörter brauchen keine Kategorie-
wörter, weil sie selbst schon welche sind!

这是我第一次在中国.
**Zhè shì wǒ dì yī cì zài zhōngguó.**
dsche schi wo di yi tsi dsai dschung-guo
*dies sein ich P eins Mal in China*
Ich bin zum ersten Mal in China.

你去过几次?
**Nǐ qùguò jǐ cì?**
ni tjü-guo dji-tsɨ
*du gehen-Verg. wieviel mal*
Wie oft bist du dort gewesen?

我去过一次
**Wǒ qùguò yī cì.**
wuo tjü-guo yi-tsi
*ich gehen-Verg. einmal*
Ich bin einmal dort gewesen.

## einmal, zweimal ...

遍 biàn *betont mehr den Prozess von Anfang bis Ende.*

... werden gebildet mit der Grundzahl plus 次 ci oder 遍 biàn. Beide zeigen die Anzahl an.

| | | | |
|---|---|---|---|
| *eins Mal* | 一次 | **yī cì** yi tsɨ | einmal |
| *zwei Mal* | 两次 | **liǎng cì** liang tsɨ | zweimal |
| *drei Mal* | 三次 | **sāncì** ßan tsɨ | dreimal |

这本书我看了两次。
**Zhè běn shū wǒ kànle liǎng cì.**
dsche ben schu wo kan-P liang- tsɨ
*dies Stück Buch ich lesen(-Verg.) zwei Mal*
Ich habe dieses Buch zweimal gelesen
(vielleicht jedes Mal ein paar Seiten).

这本书我看了两遍。
**Zhè běn shū wǒ kànle liǎng biàn.**
dsche ben schu wo kanle liang biän
*dies Stück Buch ich lesen(-Verg.) zwei Mal*
Ich habe dieses Buch zweimal gelesen
(von vorne bis hinten).

## xià

Ein weiteres Wörtchen, das die Häufigkeit ausdrückt, ist 下 xià. Es ist ein Wiederholungswort für Schläge, Druck und ähnliches, zum Beispiel 敲三下 qiāo sān xià „dreimal klopfen". Xià kann auch betonen, dass eine Handlung nur kurz andauert. Dann ist 下 xià nur mit der Zahl eins verbunden: 一下 yīxià.

等一下
**Děng yī xià!**
deng yichia
*warten ein Mal*
Warte mal!

休息一下
**Xiūxí yī xià.**
chiuchi yi-chia
*ausruhen eins-Mal*
Ruh dich mal aus!

休息休息
**Xiūxí xiūxí!**
chiuchi chiuchi
Mach mal Pause!

*Die gleiche Bedeutung
hat man, wenn das
Verb verdoppelt wird!*

## Bruchzahlen und Prozente

Bei Bruchzahlen wird der Nenner zuerst genannt. Zwischen Nenner und Zähler fügt man 分之fēnzhī („-tel") ein. Die „Hälfte" ist eine Sonderform!

| 一半 | **yí-bàn** | 1/2 |
| | yi-ban | *eins-halb* |
| 四分之一 | **sì-fēnzhī-yī** | 1/4 |
| | ßi-fēndshiyi | *vier-tel-eins* |
| 三分之一 | **sān-fēnzhī-yī** | 1/3 |
| | ßan-fēndshiyi | *drei-tel-eins* |
| 五分之一 | **wǔ-fēnzhī-yī** | 1/5 |
| | wu-fēndshiyi | *fünf-tel-eins* |

Für Prozente verwendet man bǎi-fēnzhī:

| 百分之一 | **bǎi-fēnzhī-yī** | 1 % |
| | bai-fēn-dshi-yi | |
| 百分之百 | **bǎi-fēnzhī-bǎi** | 100 % |
| | bai-fēn-dshi-bai | |

## Ein Stück, ein Pfund: Kategoriewörter

Wenn Sie in dem Satz „Ich möchte Tee" den Tee näher beschreiben wollen, können sie sagen „Ich möchte grünen Tee":

我要绿茶.
**Wǒ yào lǜ chá.**

Das, was etwas näher bestimmt, steht immer vor dem Wort, das näher bestimmt wird. Hier ist nur allgemein von Tee die Rede. Wenn Sie aber sagen wollen „ich möchte eine <u>Tasse</u> Tee", dann müssen Sie auch im Chinesischen vor „Tee" das Wort „Tasse" 杯 bēi einfügen:

我要一杯茶
**Wǒ yào yī bēi chá.**
wo yau yi beäi tscha
*ich mögen ein Glas Tee*
Ich möchte eine Tasse Tee.

Wenn wir im Deutschen Gegenstände zählen, stellen wir einfach die Zahl vor das Hauptwort: „eine Frau, drei Bücher, vier Tassen" usw. Manchmal fügen wir auch ein so genanntes „Kategoriewort" (Zähleinheitswort) ein, wie zum Beispiel „ein <u>Blatt</u> Papier", „zwei <u>Paar</u> Hosen", „drei <u>Pfund</u> Brot" usw.

Wenn Sie etwas genauer bestimmen wollen, also zum Beispiel ausdrücken wollen, „eine" oder „diese" Handykarte, dann müssen Sie zwischen „dies" oder „ein" und dem Hauptwort, hier also der „Handykarte", ein so genanntes Zählwort einfügen. Sinngemäß also: Ich möchte ein Stück Handykarte. 个 ge, tonlos gesprochen, ist das gebräuchlichste dieser Zählwörter („Stück").

我想要一个手机卡
**Wǒ xiǎng yào yī gè shǒujī kǎ.**
wo chiang yau yi-ge schou-dji ka
*ich wollen mögen ein Stück Hand-Maschine Karte*
Ich möchte eine Handy-Karte.

Es gibt eine Fülle von Kategoriewörtern im Chinesischen, und welches angewandt wird, hängt vom Gegenstand ab:

*Im Chinesischen sind solche Kategoriewörter nahezu immer zwischen Zahl und Gegenstand einzufügen, man kann also nicht sagen „ein Mensch", sondern muss immer sagen „ein Stück Mensch":* 一个人 yī gè rén.

| | |
|---|---|
| 本 **běn** | Bücher |
| 五本书 **wǔ běn shū** | fünf Bücher |
| 张 **zhāng** | flächige Dinge (Papier, Tisch, ...) |
| 三张纸 **sān zhāng zhǐ** | drei Blatt Papier |
| 三张票 **sān zhāng piào** | drei Tickets |
| 件 **jiàn** | Kleidungsstücke |
| 三件衬衫 **sān jiàn chènshān** | drei Hemden |
| 条 **tiao** | Hosen |
| 一条裤子 **yī tiáo kùzi** | eine Hose |
| 把 **bǎ** | Dinge mit einem Griff |
| 一刀子 **yī bǎ dāozi** | ein Messer |
| 辆 **liang** | Autos |
| 一辆车 **yī liàng chē** | ein Auto |

Es gibt auch natürliche Kategoriewörter:

| | | |
|---|---|---|
| 杯 | **bēi** bäi | Glas, Tasse |
| 一杯茶 | **yī bēi chá** | eine Tasse Tee |
| | yi bäi tscha | |
| 三个杯子 | **sān gè bēizi** | drei Gläser |
| | san ge bäidsi | |
| 四个茶杯子 | **sì gè chábēizi** | vier Teetassen |
| | si ge tscha-bäi-dsi | |

| | | |
|---|---|---|
| 碗 | **wǎn** wan | Schale |
| 一碗米饭 | **yī wǎn mǐfàn** | eine Schale |
| | yi wan mi-fan | Reis |

| | | |
|---|---|---|
| 斤 | **jī** dji | Pfund |
| 一斤肉 | **yī jīn ròu** | ein Pfund |
| | yi djin shou | Fleisch |

| | | |
|---|---|---|
| 天 | **tiān** tiän | Tag |
| 三天 | **sān tiān** san tiän | drei Tage |

| | | |
|---|---|---|
| 双 | **shuāng** schuang | Paar |
| 一双手套 | **yī shuāng** | ein Paar |
| | **shǒutào** | Handschuhe |
| | yi schuang shou tau | |

Aber keine Angst, Sie werden in China auch
verstanden, wenn Sie nicht das jeweilige Kate-
goriewort kennen. Das Wörtchen 个 ge ist der
Retter!

Es ist ein Kategoriewort für Menschen und Gegenstände. Kennt man ein spezifisches Kategoriewort nicht, kann man getrost ge benutzen. Viele Chinesen machen das auch!

| 一个孩子 | **yī ge háizi** | ein Kind |
| | yi ge hai-dsɨ | *ein Stück Kind* |
| 两个啤酒 | **liǎng gè píjiǔ** | zwei Bier |
| | liang ge pijiu | *zwei Stück Bier* |
| 三个月 | **sān ge yuè** | drei Monate |
| | san ge yuä | *drei Stück Monat* |
| 四个东西 | **sì gè dōngxi** | vier Dinge |
| | ßɨ ge dung-chi | *vier Stück Sache* |
| 五个鸡蛋 | **wǔ gè jīdàn** | fünf Eier |
| | wu ge dji-dan | *fünf Stück Eier* |

你家有几口人？
**Nǐ jiā yǒu jǐ kǒu rén?**
ni-djia you dji kou shen
*deine Familie haben wieviel Stück Mensch*
Wie viele Personen gibt es in deiner Familie?

我家有五个人
**Wǒjiā yǒu wǔ ge rén.**
wo-djia you wu ge shen
*mein Familie haben fünf Stück Menschen*
In meiner Familie gibt es fünf Personen.

(In der Antwort wurde das Kategoriewort 口 kǒu durch 个 ge ersetzt.)

Vor Kategoriewörtern wird für „zwei" immer liang benutzt und nicht er. Bei Zahlen über 10, in denen eine Zwei vorkommt, z.B. 22 二十二 er shí er, bleibt vor dem Kategoriewort immer er 十二个菜 shí'èr gè cài zwölf Gerichte.

*(Bei allen Zahlen über 10 mit 2 bleibt es bei er, und nur bei einer Zwei steht immer liang!)*

Bei „dieses" 这 zhè und „jenes" 那 nà muss vor dem folgenden Wort immer ein Kategoriewort stehen! Das gleiche gilt auch für Fragewörter 哪 nǎ und 几 jǐ. Für die Mehrzahl nimmt man anstelle von 个 ge das Wort 些 xiē.

| | | |
|---|---|---|
| 这 | **zhè** | dies |
| 这个 | **zhège** | dies (eine) |
| 这些 | **zhèxiē** | diese |
| 哪 | **nǎ** | welche |
| 哪个 | **nǎge** | welcher, welches |
| 那个 | **nàge** | jener |
| 那些 | **nàxiē** | jene |
| 几 | **jǐ** | wieviel, ein paar |
| 几个 | **jǐ ge** | wieviele, mehrere |

这个月
**zhège yuè**
dsche ge yuä
*dies Stück Monat*
diesen Monat

这个人
**zhège rén**
dsche ge shen
*dies Stück Mensch*
dieser Mensch

一些人
**yī xiē rén**
yi-chiä shen
*ein wenige Menschen*
einige Menschen

这些人
**zhèxiē rén**
dsche chiä shen
*dies einige Menschen*
diese Menschen

哪个楼？      那个楼.
**Nǎge lóu?**      **Nàge lóu.**
nage lou      nage lou
*welches-Stück Gebäude*      *jenes-Stück Gebäude*
Welches Gebäude?      Jenes Gebäude.

Im Aussagesatz bekommt das Fragewort 几 jǐ „wieviele" für Zahlen unter Zehn die Bedeutung „einige, mehrere":

*Der Unterschied zwischen beiden Sätzen liegt in der Betonung. Bei der Frage steigt die Melodie an, bei der Antwort ab.*

几个人？      几个人
**Jǐ gè rén?**      **jǐ ge rén**
dji ge-shen      dji-ge shen
*wieviel Stück Mensch*      *einige Stück Mensch*
Wie viele Personen?      einige Menschen

Verwendet man das Fragewort für größere Zahlen 多少 duōshǎo („wie viele"), kann das Kategoriewort auch weggelassen werden:

多少 个 人？      多少 人？
**Duōshǎo ge rén?**      **Duōshǎo rén?**
duoschao ge shen      duoschao shen
*wieviel Stück Mensch*      *wieviel Stück Mensch*
Wie viele Menschen?      Wie viele Menschen?

Manchmal kann dies zu kleinen Missverständnissen führen, etwa wenn Sie in einem Restaurant nach Essstäbchen verlangen.

    Ein Paar Essstäbchen sind auf Chinesisch 一 双 筷 子 yī shuāng kuàizi, ein einzelnes Essstäbchen ist 一个筷子 yī gè kuàizi!

*Aber auch da werden Sie aus der Situation heraus verstanden. Sonst sagen Sie einfach nur: 筷子 kuàizi – Stäbchen!*

## Zeit & Datum

**Z**unächst eine einfache Ansammlung allgemeiner Zeitbegriffe:

| | | |
|---|---|---|
| 秒（种） | **miǎo(-zhōng)** mi<u>au</u>(-dshung) | Sekunde |
| 分（中） | **fēn(-zhōng)** fēn(-dshung) | Minute |
| 小时 | **xiǎo-shí** chi<u>au</u>-sch<del>i</del> | Stunde |
| 天 | **tiān** ti<u>ä</u>n | Tag |
| 星期 | **xīngqī** chingtji | Woche |
| 月 | **yuè** y<u>üä</u> | Monat |
| 年 | **nián** ni<u>ä</u>n | Jahr |
| 今天 | **jīn-tiān** djin-ti<u>ä</u>n | heute |
| 明天 | **míng-tiān** ming-ti<u>ä</u>n | morgen |
| 后天 | **hòu-tiān** <del>e</del>hou-ti<u>ä</u>n | übermorgen |
| 昨天 | **zuó-tiān** ds<u>uo</u>-ti<u>ä</u>n | gestern |
| 前天 | **qián-tiān** tji<u>ä</u>n-ti<u>ä</u>n | vorgestern |

| | | | |
|---|---|---|---|
| *dies Stück Woche* | 这 个 星期 | **zhè ge xīngqī** dsh<u>ė</u> g<u>ė</u> chingtji | diese Woche |
| *hinab Stück Woche* | 下 个 星期 | **xià ge xīngqī** chi<u>a</u> g<u>ė</u> chingtji | nächste Woche |
| *hinauf Stück Woche* | 上 个 星期 | **shàng ge xīngqī** schang g<u>ė</u> chingtji | letzte Woche |

Verdoppelt man 下 xià oder 上 shàng, bedeutet 下 下 xià-xià „übernächste" und 上 上 shàng-shàng „vorletzte". Dieses Schema hält man auch für 月 yuè (Monat) ein, nicht aber für 年 nián (Jahr).

| 今年 | **jīn-nián** djin-niän | dieses Jahr |
| 明年 | **míng-nián** ming-niän | nächstes Jahr |
| 来年 | **lái-nían** lai-niän | kommendes Jahr |
| 去年 | **qù-nián** tjü-niän | voriges Jahr |

| 五天前 | **wǔ tiān qián** wu-tiän tjiän | vor fünf Tagen | *fünf Tag vor* |
| 五天内 | **wǔ tiān nèi** wu-tiän näi | in fünf Tagen | *fünf Tag innen* |
| 五天后 | **wǔ tiān hòu** wu-tiän chou | nach 5 Tagen | *fünf Tag nach* |

| 马上 | **mǎ-shàng** ma-schang | sofort |
| 很快 | **hěnkuài** che,nkuai | bald |
| 以后 | **yǐ-hòu** yi-chou | später |
| 从前 | **cóng-qián** tsung-tjiän | einst, ehemals |
| 目前 | **mù-qián** mu-tjiän | gegenwärtig |
| 同时 | **tóng-shí** tung-schi | gleichzeitig |
| 早上 | **zǎo-shang** dsau-schang | morgens |
| 上午 | **shàng-wǔ** schang-wu | vormittags |
| 中午 | **zhōng-wǔ** dshung-wu | mittags |
| 下午 | **xià-wǔ** chia-wu | nachmittags |
| 晚上 | **wǎn-shang** wan-schang | abends |
| 夜里 | **yè-li** yä-li | nachts |
| 半夜 | **bàn-yè** ban-yä | Mitternacht |
| 白天 | **bái-tiān** bai-tiän | tagsüber |
| 每天 | **měi-tiān** mäi-tiän | täglich |

我明天走
**Wǒ míng-tiān zǒu.**
wo ming-tiän dsou
*ich morgen gehen*
Ich gehe morgen.

他们每天工作八个小时。
**Tāmen měi-tiān gōng-zuò bā ge xiǎo-shí.**
tamen mäi-tiän gung-dsuo ba g chiau-schi
*sie täglich arbeiten acht Stück Stunde*
Sie arbeiten täglich acht Stunden.

这趟火车每天开往。。。
**Zhè tàng huǒ-chē měi-tiān kāi wǎng ...**
dshé tang ~~chuo-tschè~~ mäi-tiän kai wang ...
*dies Stück Zug täglich fahren nach ...*
Dieser Zug fährt täglich nach ...

我去年来过中国。
**Wǒ qù-nián lái-guò Zhōng-guó.**
wo tjü-niän lai-guo dshung-guo
*ich gehen-Jahr kommen(-Verg.) chinesisch-Land*
Ich war letztes Jahr in China.

谈到半夜。
**Tán dào bàn-yè.**
tan dau ban-yè
*unterhalten bis Mitternacht*
Wir haben uns bis Mitternacht unterhalten.

我每天在饭馆吃饭。
**Wǒ měitiān zài fànguǎn chī fàn.**
wo mäi-tiän dsai fanguan tschi-fan
*ich jeden Tag in Restaurant essen-Essen*
Ich esse jeden Tag im Restaurant.

我星期六在上海见你。
**Wǒ xīngqíliù zài shànghǎi jiàn nǐ.**
Wo ching-tji-liu dsai Schanghai djiän ni
*Ich Woche 6 in Shanghai sehen dich.*
Ich sehe dich am Samstag in Shanghai.


我后天早上在咖啡店等你。
**Wǒ hòutiān zǎoshang zài kāfēi diàn děng nǐ**
Wo chou-tiän dsau-schang dsai ka-fäi-diän dengni
*Ich übermorgen morgen in Café warten dich.*
Ich warte auf dich übermorgen vormittag im Café.

## Uhrzeit

Für die Uhrzeit kommt die Stundenzahl zuerst, sie steht vor dem Zählwort für „Stunde" 点 diǎn (*eigentlich „der Punkt"), dahinter kommen Minuten 分 und eventuell noch die Sekunden 秒.

七点十分二十三秒
**qī diǎn shí fēn èrshísān miǎo**
tji-diän schi fen er-schi ßan miau
*sieben Stunde 10 Minute zwei-zehn-drei Sekunde*
sieben Uhr zehn Minuten und 23 Sekunden

Für die halbe Stunde benutzt man 半 bàn, für die Viertelstunde 一刻 yī kè und für die Dreiviertelstunde 三刻 sān kè.

Offiziell, etwa im chinesischen Fernsehen, werden für die Uhrzeiten die Zahlen von 0-24 gebraucht, also 5 Uhr =五点 wǔ diǎn, 19 Uhr = 十九点 shíjiǔ diǎn. In der Umgangssprache benutzt man die Zahlen 0-12 und setzt davor die Wörter für „morgens, vormittags, mittags, nachmittags, abends" und „nachts". Die gängige Frage nach der Uhrzeit ist:

几点钟了？
**Jǐ diǎn zhōngle?**
dji-diǎn dschung P
*wieviel Stunde Uhr P*
Wie spät ist es?

Man kann auch nur 点 jǐ diǎn oder jǐ diǎn le sagen. In der Umgangssprache ist es üblich, das Wort für „Uhr(zeit)" 钟 zhōng wegzulasssen. Auf die Frage kann man also z.B. antworten:

夜里三点
**yèlǐ sān diǎn**
*Nacht-in drei Stunde*
3.00 h nachts

早上八点
**zǎoshang bā diǎn**
*morgens acht Stunde*
8.00 h morgens

上午十点半
**shàngwǔ shí diǎn bàn**
schangwu schi diǎn ban
*vormittags 10 Uhr halb*
10.30 h

中午
**zhōngwǔ**
dschung-wu
*mittags*
12.00 h mittags

中午十二点半
**zhōngwǔ shí'èr diǎn bàn**
dschung-wu schi-er diän ban
*mittags 12 Uhr halb*
12.30 h

下午三点三刻
**xiàwǔ sān diǎn sān kè**
chia-wu ßan diän ßan ke
*nachmittag drei Uhr drei Viertel*
viertel vor vier nachmittags

晚上七点
**wǎnshàng qī diǎn**
wanschang tji diän
7 Uhr abends, 19 Uhr

晚上十一点一刻
**wǎnshàng shíyī diǎn yī kè**
wanschang schi-yi diän yi ke
*abend 11 Uhr ein Viertel*
abends 11h15/23h15

午夜       夜里零点半
**wǔyè**       **yèlǐ língdiǎn bàn**
wu-yüä       ye-li ling-diän ban
Mitternacht       *Nacht in null Uhr halb*
               0.30 h nachts

Setzt man vor die Uhrzeit 现在 xiànzài, dann
heißt das: „jetzt ist es ..."

现在几点钟?
**Xiànzài jǐ diǎn zhōng?**
Chiän-dsai dji diän dschung
*Jetzt wieviel Punkt Uhr*
Wie spät ist es jetzt?

现在八点三十五。
**Xiànzài bā diǎn sānshíwǔ.**
Chiän-dsai ba diän ßan-schi-wu
*Jetzt acht Punkt drei zehn fünf*
Jetzt ist es 8 Uhr 35.

| 日出 | **rì chū** | Sonnenaufgang |
| 日落 | **rìluò** | Sonnenuntergang |
| 黎明 | **límíng** | Morgendämmerung |
| 黄昏黄昏 | **huánghūn** | Abenddämmerung |

从一点到三点
**cóng yī diǎn dào sān diǎn**
tsung yi-diän dau ßan diän
*von eins Punkt bis drei Punkt*
von 1 Uhr bis 3 Uhr

早餐是从早上七点到九点
**Zǎocān shì cóng zǎoshang qī diǎn dào jiǔ diǎn**
dsau-tsan schi-tsung dsau-schang tji-diän dau djiu diän
*früh-Essen sein von morgen 7 Punkt bis 9 Punkt*
Das Frühstück ist von morgens sieben Uhr
bis neun Uhr.

你几点想吃晚餐？
**nǐ jǐ diǎn xiǎng chī wǎncān?**
Ni dji diǎn chiang tschɨ-wan-tsan
*Du wieviel Uhr wollen essen Abend-Essen*
Um wieviel möchtest zu Abend essen?

退房时间是中午12点
**Tuì fáng shíjiān shì zhōngwǔ 12 diǎn**
Tui fang schɨ-djiān schɨ-dschung-wu schɨ-er-diǎn
*Zurückgeben Zimmer Zeit sein Mittag 12 Uhr*
Check-out-Zeit ist um 12 Uhr mittags.

我们有12点的预订
**wǒmen yǒu 12 diǎn de yùdìng**
wo-men you schɨ-er-diǎn de yü-ding
*wir haben 12 Uhr P Reservierung*
Wir haben eine Reservierung für 12 Uhr.

火车 11 点 30 分出发
**Huǒchē 11 diǎn 30 fēn chūfā.**
Huo-tsché schi-yi-diǎn ßan-schi fen tschu-fa.
*Feuer-Wagen 11 Punkt dreißig Minuten abfahren.*
Der Zug fährt um 11 Uhr 30 ab.

## Wochentage

Wochentage und Monate haben im Chinesischen keine eigenen Namen, sondern werden mit Zahlen angezeigt. Die Wochentage bildet man mit 星期 xī ngqí (Woche, wörtlich: *Sternen-Zeitperiode*) plus der Wochentagszahl, also Montag: xī ngqī -yī , (wörtlich: *Woche-eins*).

# Zeit & Datum

*Umgangssprachlich wird für „Woche" neben xingqi auch 礼拜 lǐbài („Anbetung") gebraucht, Montag wäre dann 礼拜一 lǐbài yī usw.*

| 星期一 | **xīngqī-yī** | chingtji-yi | Montag |
|---|---|---|---|
| 星期二 | **xīngqī-èr** | chingtji-èr | Dienstag |
| 星期三 | **xīngqī-sān** | chingtji-ßan | Mittwoch |
| 星期四 | **xīngqī-sì** | chingtji-ßɨ | Donnerstag |
| 星期五 | **xīngqī-wǔ** | chingtji-wu | Freitag |
| 星期六 | **xīngqī-liù** | chingtji-liu | Samstag |

*Eine dritte Variante für „Woche" ist 周 zhōu: Dienstag wäre dann 周二 zhōu'èr.*

Nur für „Sonntag" hat man andere Varianten:

| 星期天 | **xīngqī-tiān** | chingtji-tiän | *Woche-Tag* |
|---|---|---|---|
| 星期日 | **xīngqī-rì** | chingtji-shɨ | *Woche-Sonne* |

*Das Wort 周 zhōu wird etwa im gebräuchlichen Wort für „Wochenende" 周末 zhōumò verwendet.*

我祝你周末愉快！
**Wǒ zhù nǐ zhōumò yúkuài!**
Wo dschu ni dschoumo yü-kuai!
*Ich wünschen dir Wochenende fröhlich.*
Ich wünsche dir ein schönes Wochenende!

## Monatsnamen

Für die Monatsnamen stellt man die Monatszahl vor yuè (Monat), z. B. Januar: yī-yuè *eins-
Monat*. Für Januar gibt es eine weitere Variante: yuán-yuè *yüän-yüä*, wörtlich: *Anfang-Monat*.

| 一月 | **yī-yuè** yi-yüä | Januar |
|---|---|---|
| 二月 | **èr-yuè** ėr-yüä | Februar |
| 三月 | **sān-yuè** ßan-yüä | März *(usw.)* |

Aufgepasst: Die Zählweise mit dem Kategoriewort ge (Stück) bezeichnet eine Zeitspanne:

| 一个月 | **yī ge yuè** yi gė yüä | ein Monat |
|---|---|---|
| 二个月 | **liǎng ge yuè** liang gė yüä | 2 Monate |
| 三个月 | **sān ge yuè** ßan gė yüä | 3 Monate |

## Datum

Es gilt die Reihenfolge Jahr, Monat und Tag:
Beim Jahr nennt man einfach die Ziffern einzeln, z. B.: 2008 = zwei null null acht.

**yī jǐu liù liù nián bā yuè shí-yī hào**
*eins neun sechs sechs Jahr acht Monat zehn-eins Tag*
= 11.8.1966

Foto: © Stephan Karg, fotolia.com

# Kurz-Knigge

**V**orab sei gesagt: Viel Geduld mitbringen! Und nach Möglichkeit ruhig und gelassen bleiben, was immer auch geschehen mag.

Man sollte sich zur Regel machen, sich offen und ehrlich über alles zu äußern, dabei aber nicht respektlos und indiskret über die Führer von Partei und Regierung zu sprechen. Auch sollten gewisse Terminologien vermieden werden, wie etwas der Ausdruck „Rotchina" für die VR China oder „Republik China" oder „Freies China" für Taiwan (Taiwan gilt als Provinz der VR China!).

Ausländer sollten untereinander offene Zuneigungsbezeugungen (Küssen, Umarmen, Händchenhalten) auf ein Minimum reduzieren.

Streitereien, auch solche mit Chinesen, sollte man nicht in der Öffentlichkeit austragen, sondern lieber abwarten und die Angelegenheit, wenn möglich, später unter vier Augen freundlich klären!

Der Gesichtsverlust ist so ziemlich das Schlimmste, was einem Chinesen zustoßen kann. Weder man selbst, noch der Andere sollen beschämt werden. Dieses bringt mit sich, dass nach außen hin möglichst wenig Gefühle oder Gedanken geäußert werden. Das bedeutet auch, dass Wünsche oft nur angedeutet werden, und dies auch nur, wenn so gut wie sicher ist, dass sie erfüllt werden

*Der „Tramperdaumen" bedeutet „ausgezeichnet!".*

*Um jemanden heranzuwinken, zeigt die Hand mit dem Handrücken nach oben, die Hand wird nach unten bewegt.*

*Chinesen zeigen mit dem Zeigefinger auf ihre Nasenspitze, wenn sie sich selbst meinen.*

können. Ein „Nein" brächte dem Gegenüber Gesichtsverlust. Ebenso sieht man über peinliche Situationen hinweg, oder sie werden mit Lächeln überspielt.

Chinesen haben keine Hemmungen, darüber zu sprechen, dass man (der Ausländer) dick, alt usw. (geworden) ist. Das ist keine Unhöflichkeit! Auch die direkte Frage nach Alter, Familie, Einkommen und dergleichen gehören schon nach kurzer Bekanntschaft zur normalen Konversation.

Im Durchschnitt sind die hygienischen Verhältnisse in den chinesischen Restaurants besser geworden, insbesondere in den großen Städten. Dass abgenagte Knochen in einfachen Restaurants einfach auf den Boden geworfen werden, sieht man kaum noch. Falls man auf solches trifft, höflich darüber hinwegsehen! Beim Essen mit Chinesen wird der Ausländer wohl anfänglich des öfteren unangenehm berührt sein über das laute Schlürfen und Schmatzen am Tisch.

Wird man privat eingeladen, sollte man etwas „Praktisches" mitbringen, besondere Früchte, Schnäpse, etwas für die Kinder, Dinge, die mit den Hobbies der Besuchten zu tun haben (CDs, Kassetten, Bücher über Balkonpflanzen, Computerzubehör).

Trinkgelder sind in den Touristenhotels und Spezialitätenrestaurants üblich geworden. Aber achten Sie darauf, ob ein „Service Charge" nicht bereits im Preis enthalten ist. Vielfach (insbesondere in der Provinz) wird Trinkgeld nicht (an)genommen. So mancher flüchtige Bekannte erwartet von dem so „reichen" Ausländer ein Geschenk.

## Zahlen zeigen

Chinesen zeigen Zahlen mit der Hand auf besondere Art und Weise. Das Handzeichen orientiert sich oft am Schriftzeichen. Aufgepasst: Will man beispielsweise „zwei Stück" von etwas bestellen, streckt man von der Faust den kleinen Finger und den Ringfinger weg, niemals aber Daumen und Zeigefinger, denn dies besagt, angelehnt an die chinesische Schrift, „acht Stück".

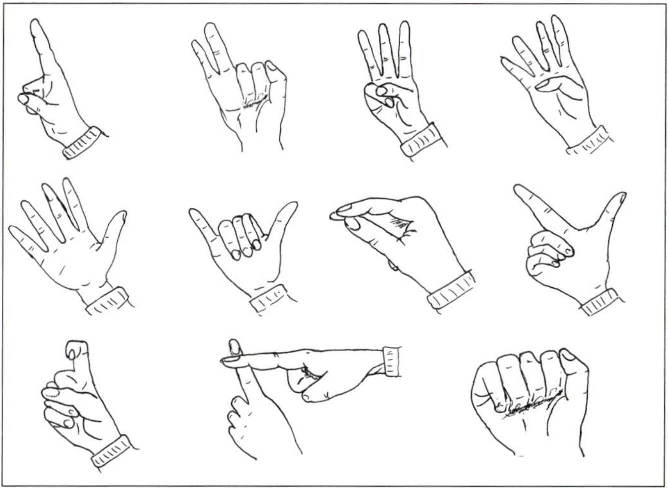

## Namen & Anrede

Im Chinesischen steht der Familienname (xìng) immer vor dem Rufnamen (míng). Frauen haben nicht denselben Familiennamen wie ihr Mann, sie behalten nach der Eheschließung ihren Mädchennamen bei.

Die Anrede mit dem Vornamen ist nur für Familienmitglieder und für enge Freunde üblich. In der Regel spricht man sich mit dem Nachnamen an. Für jüngere Leute wird diesem im Allgemeinen das Wort xiǎo (klein) vorangestellt und für ältere (oder respektvoll anzusprechende) Personen das Wort lǎo (alt). Aber auf diese Begrüßungsformen sollten Ausländer verzichten, ausgenommen, sie kennen den so Angeredeten recht gut.

*Ausländer werden in der VR China oft mit lǎo-wài (alter Ausländer) angesprochen. Es hatte ursprünglich eine eher abschätzige Bedeutung, heute ist es lediglich ein umgangssprachlicher Ausdruck. Selten hört man noch das früher als höflich angesehene lǎo péng-you (alter Freund).*

Gebräuchlich sind heute folgende Anreden, die man im Gegensatz zum Deutschen dem Nachnamen nachstellt:

| | | |
|---|---|---|
| **xiān-sheng** | schiän-schĕng | Herr |
| **tài-tai** | tai-tai | Frau |
| **fū-ren** | fu-schĕn | für ältere Damen |
| **xiǎo-jie** | schiau-dshiä | Fräulein |

Kennt man den Namen nicht, findet das höfliche nín (Sie) wieder häufig Verwendung, sowohl unter Chinesen als auch zwischen Chinesen und Ausländern. Ansonsten verwendet man auch den Titel, die Berufs- oder Verwandtschaftsbezeichnung der Person:

**xiǎo-jie** schiau-dshiä Fräulein;
für Kellnerinnen oder Hotelangestellte
**fú-wù-yuán** fu-u-yüän Bedienung;
für Bedienstete aller Art (Mann und Frau)
**shī-fu** schi-fu Meister; für Taxifahrer,
älteres Hotelpersonal oder den Koch
**lǎo-ban** lau-ban Chef,
z. B. von einem Restaurant
**jīng-lǐ** dshing-li Manager
**lǎo-shī** lau-schi Lehrer
**yī-shēng** yi-schëng Arzt
**bó-fù** bo-fu Onkel; für Männer,
die älter als die eigenen Eltern sind
**bó-mǔ** bo-mu Tante; für Frauen,
die älter als die eigenen Eltern sind
**shū-shu** schuschu Onkel; für Männer,
die jünger als die eigenen Eltern sind
**ā-yí** a-yi Tante; allgemeine Anrede,
z. B. für Ausländerin, Kindergärtnerin

*Die besonders während der Kulturrevolution (1966-1976) übliche Anrede* tóng-zhì *(Genosse/Genossin) ist nicht mehr allzu gebräuchlich.*

## Begrüßen & verabschieden

**E**ine einzelne Person begrüßt man mit nǐ (du) und mehrere mit nǐmen (ihr):

**Nǐ/nǐmen zǎo.**
ni/nimèn dsau
*du/ihr früh*
Guten Morgen.

**Nǐ/nǐmen hǎo.**
ni/nimèn chau
*du/ihr gut*
Guten Tag.

*„Guten Tag!" wird rund um die Uhr, also auch abends, gesagt.*

*Bei der Begrüßung ist ein kurzes Händeschütteln akzeptabel. Intimere Freundschaften sind erst nach längerer Vertrautheit möglich und nicht nach ein paar Tagen oder Wochen zu erreichen!*

Wenn man sich kennt und vielleicht längere Zeit nicht gesehen hat, kann man fragen:

**(Nǐn) hǎo ma?**
(nin) ~~chau~~ ma
*(du) gut FP*
Wie geht es Ihnen?

**Hěn hǎo (xiè-xie).** 🔊
~~chěn~~ ~~chau~~ (chiä-chiä)
*sehr gut (danke-danke)*
Ausgezeichnet (danke).

**Nǐ ne?**
ni ně
*du P*
Und Ihnen?

**Ní shēntǐ hǎo ma?** 🔊
ni schěnti ~~chau~~ ma
*du Körper gut FP*
Wie geht's?

*ne ist hier auch ein so genanntes „Funktionswort", das den Satz in eine Frage verwandelt.*

Man kann gefragt werden, ob man schon gegessen hat. Der Ursprung dieser Frage liegt in den Zeiten großer Armut, als man sich nicht immer eine Mahlzeit leisten konnte, ist aber inzwischen reine Höflichkeit.

**Nǐ chī-guòle ma?** 🔊
ni tschi-guolě ma
*du essen-bereits(-Verg.) FP*
Hast du schon gegessen?

**Chī-le.**
tschi-lě
*essen(-Verg.)*
Ja.

**Méi ne.** 🔊
mäi ně
*nicht P*
Nein, noch nicht.

*Die Variante mit nǎr ist nordchinesischer Dialekt.*

**Qù nǎ-li?**
tjü na-li
*hingehen wo*
Wohin geht's denn?

**Qù nǎr?**
tjü nar
*hingehen wo*
Wohin geht's denn?

Oder umgangssprachlicher:

🎵 **Gàn-má qu?**
gan-ma tjü
*was gehen*
Wo geht's hin?

**Nǐ jīntiān yǒu shì ma?**
ni djintjiän you schɨ ma
*du heute haben Sache FP*
Hast du heute etwas vor?

Diese Fragen sind nicht neugierig gemeint, sondern eine höfliche Begrüßung, auf die folgende Antworten möglich sind:

*Mit einem Smartphone können Sie sich die mit einem 🎵 gekennzeichneten Sätze dieses Kapitels anhören. Scannen Sie einfach den QR-Code mit Hilfe einer kostenlosen App (z. B. „Barcoo" oder „Scanlife").*

🎵 **Qù mǎi dōng-xi.**
tjü mai dung-chi
*hingehen kaufen Sache*
Ich gehe einkaufen.

**Kàn péng-you.**
kan pӗng-you
*sehen Freund*
Ich besuche Freunde.

🎵 **Wán qù.**
wan tjü
*Vergnügen gehen*
Ich gehe bummeln.

**Wǒ shàng jiē ...**
wo schang djiä
*ich auf Straße*
Ich gehe in die Stadt.

### sich verabschieden

🎵 **Wǒ zǒu-le.**
wo dsou-lӗ
*ich gehen-P*
Ich gehe jetzt.

**Zài-jiàn!**
dsai-djiän
*nochmal-sehen*
Auf Wiedersehen!

🎵 **Míng-tiān jiàn!**
ming-tiän djiän
*morgen sehen*
Bis morgen!

**Wǎn-ān!**
wan-an
*Nacht-Ruhe*
Gute Nacht!

## Floskeln & Redewendungen

**B**ittet man höflich um eine Gefälligkeit, eignet sich má-fan nín, sonst nimmt man qǐng:

*Hängt man an má-fan nín die Vergangenheitspartikel le an, verwandelt man die Bitte in eine Dankesform, da sie übertragen nun bedeutet: „Ich habe Ihnen Mühe gemacht" – „ich habe Sie belästigt".*

| | |
|---|---|
| **Má-fan nín ...** | **Duìbuqi, máfán nín!** |
| ma-fan nin | duibutji ma-fan nin |
| *lästig Sie* | *Entschuldigung lästig Sie* |
| Bitte ...! | Entschuldigen Sie die Störung! |

| | |
|---|---|
| 请! | 请问。。。 |
| **Qǐng!** | **Qǐng wèn ...** |
| tjing | tjing wèn |
| *bitten* | *bitten fragen* |
| Bitte sehr! | Bitte, darf ich fragen ... |

请给我看一看。。。!
**Qǐng gěi wǒ kàn yi kàn ...!**
tjing gäi wo kan yi kan
*bitten geben ich sehen eins sehen ...*
Zeigen Sie mir bitte ...!

| | |
|---|---|
| 请告诉我。。。 | 请您给我。。。 |
| **Qǐng gào-sù wǒ ...** | **Qǐng nín gěi wǒ ...** |
| tjing gau-ßu wo | tjing nin gäi wo |
| *bitten mitteilen ich* | *bitten du geben ich* |
| Sagen Sie mir bitte ... | Geben Sie mir bitte ... |

*Mit einem Smart-phone können Sie sich die mit einem gekennzeichneten Sätze dieses Kapitels anhören.*

请您给我拿。。。来?
**Qǐng nín gěi wǒ ná ... lái?**
tjing nin gäi wo na ... lai
*bitten du geben ich nehmen ... her*
Bringen Sie mir bitte ...

请算帐!
**Qǐng suàn-zhàng!**
tjing ßuan-dsang!
*bitten zusammenrechnen-Rechnung*
Die Rechnung, bitte.

*Wenn man im Restaurant etwas bestellen möchte, sagt man einfach* wǒ yào ... *(ich will ...).*

## danken

◊ **Shí-fēn gǎn-xiè!**
schí-fēn gan-chiǎ
*vollkommen dankbar*
Danke vielmals!

**Xiè-xie!**
chiǎ-chiǎ
*danken-danken*
Danke!

◊ **Má-fan nín-le!**
ma-fan nin-lė
*lästig du(-Verg.)*
Vielen Dank (für die Mühe)!

◊ **Xiè-xie nín-de bāng-zhù!**
chiǎ-chiǎ nin-dė bang-dshu
*danken-danken deine Hilfe*
Vielen Dank für Ihre Hilfe!

◊ **Bú kè-qi (méi yǒu shénme)!**
bu kė-tji (mǎi yǒu schėnmė)
*nicht bescheiden (nicht haben etwas)*
Bitte sehr, keine Ursache!

**Bú yòng xiè!**
bu yung chiǎ
*nicht brauchen danken*
Nichts zu danken.

# Floskeln & Redewendungen

## sich entschuldigen

**Duì-bù-qǐ !**
duì-bu-tji
*Entschuldigung*
Entschuldigung!

*láo-jià ist eine sehr höfliche Einleitung.*

**Láo-jià, wǒ kě-yǐ guò yí-xia ma?**
lau-djia wo kě-yi guo yi-chia ma
*Verzeihung ich dürfen hindurchgehen ein-mal FP*
Verzeihung, darf ich mal bitte vorbei?

## bedauern & beschweren

**Zhēn kě-xī!**
dshēn kě-chi
*wirklich schade*
Wirklich schade!

**Tài kě-xī-le!**
tai kě-chi-lě
*sehr schade-P*
Schade!

**Wǒ yào tí yì-jiàn.**
wo yau tí yi-djiän
*ich wollen kritisieren eins-sehen*
Ich möchte mich beschweren.

## weitere Floskeln

Die Antwort auf eine Entschuldigung lautet:

**Méi guān-xi!**
mäi guan-chi
*nicht Beziehung*
Macht nichts! Keine Ursache!

Wehrt man hingegen ein Kompliment oder ein Dankeschön bescheiden ab:

**Nǎ-li nǎ-li!**
na-li na-li
Nicht doch!

**Bù gǎn-dāng!**
bu gan-dang
Nicht der Rede wert!

| | | |
|---|---|---|
| **Wǒ bù zhī-dào.** | wo bu dshi-dau | Ich weiß nicht. |
| **Hěn kě-néng.** | chén ké-néng | Wahrscheinlich. |
| **Xíng.** | ching, | Es geht. Okay. |
| **Bù xíng.** | bu ching | Es geht nicht. |
| **Hǎo(-de).** | chau(-dé) | Gut. Okay. |
| **Yě-xǔ.** | yä-chü | Vielleicht. |

*Das* hǎode *ist stärker als nur* hǎo.

## Das erste Gespräch

**G**leichgültig, wo man sich aufhält, fragen Chinesen, sobald man ins Gespräch kommt, nach Alter, Name, Beruf, Einkommen, Familienstand, Zahl der Kinder, nach dem Woher und dem Wohin. Dasselbe rückzufragen gilt als höflich und angebracht. Mit Leidenschaft werden auch Visitenkarten und Adressen getauscht.

*Mit einem Smartphone können Sie sich die mit einem gekennzeichneten Sätze dieses Kapitels anhören.*

您贵姓?
**Nín guì xìng?**
nin gui ching
*Sie werter(teurer) Familienname*
Wie ist Ihr werter Name?

我怎么称呼您？

**Wǒ zěnme chēng-hu nín?**

wo dsénmè tschéng-chu nin

*ich wie anreden Sie*

Wie soll ich Sie anreden?

Kinder oder Personen, die deutlich jünger sind, als man selber ist (z. B. 20 Jahre jünger), fragt man:

你叫什么名字？

**Nǐ jiào shénme (míng-zi)?**

ni djiau schénmè (ming-dsɨ)

*du heißen was (Name)*

Wie heißt du / heißen Sie?

| | |
|---|---|
| 我姓。。。 | 我叫。。。 |
| **Wǒ xìng ...** | **Wǒ jiào ...** |
| wo chịng | wo djiau |
| *ich Familienname* | *mein heißen* |
| Mein Nachname ist ... | Mein Name ist ... |

*Bei* wǒ jiào *nennt man seinen Vor- und Nachnamen, wobei bei chinesischen Namen erst der Nachname, dann der Vorname genannt wird.*

您从哪里来？

**Nín cóng nǎ-li lái?**

nin tsung na-li lai

*Sie von wo herkommen*

Woher kommen Sie?

我从德国来。

**Wǒ cóng Déguó lái.**

wo tsung Dẹguo lai

*ich von Deutschland herkommen*

Ich komme aus Deutschland.

你是哪国人。

🌐 **Nǐn shì nǎguó-rén?**

nin schï naguo-rén

*Sie sein welches Land Mensch*

Welche Nationalität haben Sie?

我是德国人。

🌐 **Wǒ shì déguó-rén.**

wo schï dēguo-rén

*ich sein Deutschland-Mensch*

Ich bin Deutsche(r).

| 瑞士 | **Ruìshì** | shuischï | Schweiz |
| 奥地利 | **Àodìlì** | audili | Österreich |
| 荷兰 | **Hélán** | chêlan | Niederlande |
| 比利市 | **Bílíshì** | bilishï | Belgien |
| 卢森堡 | **Lúsēnbǎo** | lußénbao | Luxemburg |

您多大年龄了？ 您高寿了？

🌐 **Nín duō dà nián-lìng le?** **Nín gāo shòu le?**

nin duo da niän-ling lē nin gau schou lē

*du wie-viel groß Jahr-Alter P* *Sie groß leben P*

Wie alt sind Sie? Wie alt sind Sie?

*gāo shòu bedeutet „langes Leben" oder „ehrwürdiger Alter". Es ist sehr höflich und wird kaum gebraucht!*

Jugendliche und Kinder fragt man auch:

你多大了？ 几岁了？

🌐 **Nǐ duō dà le?** **Jǐ suì le?**

ni duo da lē dji ßui lē

*du wie-viel groß P* *wie viel(e) Jahr P*

Wie alt bist du? Wie alt bist du? / ist es?

*jǐ suì le verwendet man nur, wenn es um Kinder bis zu 10 Jahren geht.*

Oder man fragt einfach:

# Das erste Gespräch

你/您哪年生的？
**Nǐ/nín nǎ nián shēng-de?**
ni/nin na niän schéng-dè
*du/Sie welches Jahr geboren*
In welchem Jahr bist du / sind Sie geboren?

我。。。岁了。
**Wǒ ... suì le.**
wo ... sui lě
*ich ... Jahre P*
Ich bin ... Jahre alt.

你是第一次来中国吗？
**Nǐ shì dì-yī-cì lái Zhōng-guó ma?**
ni schì di-yi-tsi lai dshung-guo ma
*du bist P-eins-mal herkommen chines.-Land FP*
Sind Sie zum ersten Mal in China?

| **Shì-de.** | schì-dè | *bin-P,* | Ja. |
|---|---|---|---|
| **Bú shì.** | bu schì | *nicht bin* | Nein. |

这已经是第二次了。
**Zhè yǐ-jīng shì dì-èr-cì le.**
dshè yi-djing schì di-èr-tsi lě
*dies schon ist P-zwei-mal P*
Es ist schon das zweite Mal.

你在哪里工作？ 我在。。。工作。
**Nǐ zài nǎ-li gōng-zuò?** **Wǒ zài ... gōng-zuò.**
ni dsai na-li gung-dsuo wo dsai ... gung-dsuo
*du in wo arbeiten* *ich in ... arbeiten*
Wo arbeiten Sie? Ich arbeite im/bei ...

| **shāng-diàn** | schang-diän | Geschäft | 商店 |
| **yī-yuàn** | yi-yüän | Krankenhaus | 医院 |
| **yóu-jú** | you-djü | Post | 邮局 |
| **gōng-ān-jú** | gung-an-djü | Polizei | 公安局 |
| **dà-xué** | da-chüä | Universität | 大学 |
| **gōng-sī** | gung-ßɨ | Firma | 公司 |

你结婚了吗？　　　　　我结婚了。

🎧 **Nǐ jié-hūn-le ma?**　　**Wǒ jié-hūn-le.**
ni djiè-ehun-lè ma　　wo djiè-ehun-lè
*du heiraten(-Verg.) FP*　　*ich heiraten(-Verg.)*
Sind Sie verheiratet?　　Ja.

不，我还没结婚。

🎧 **Bù, wǒ hái méi jié-hūn.**
bu, wo ehai mäi djiè-ehun
*nein, ich noch nicht heiraten*
Nein, noch nicht.

🎧 **Nǐ yǒu hái-zi ma?**
ni you ehai-dsɨ ma
*du haben Kind FP*
Haben Sie Kinder?

🎧 **Wǒ yǒu liǎng gè ér-zi he yí gè nǚ-ér.**
wo you liang gè èr-dsɨ ehè yi gè nü-èr
*ich haben zwei Stück Sohn und ein Stück Tochter*
Ja, zwei Söhne und eine Tochter.

Die Verwandtschaftsbezeichnungen sind im
Chinesischen äußerst kompliziert. Vielleicht
reichen erst mal die Folgenden:

| 先生 | **xiān-sheng** | chiän-schĕng | Ehemann (Anrede) |
|------|------|------|------|
| 太太 | **tài-tai** | tai-tai | Ehefrau (Anrede) |
| 夫人 | **fū-rén** | fu-shĕn | Ehefrau (Anrede) |
| 丈夫 | **zhàng-fu** | dshang-fu | Ehemann (von jmd.) |
| 妻子 | **qī-zi** | tji-ds‡ | Ehefrau (von jmd.) |
| 父亲 | **fù-qīn** | fu-tjin | Vater |
| 母亲 | **mǔ-qīn** | mu-tjin | Mutter |
| 女儿 | **nǚ-ér** | nü-ĕr | Tochter |
| 儿子 | **ér-zi** | ĕr-ds‡ | Sohn |
| 祖母 | **zǔ-mǔ** | dsu-mu | Oma (väterl.) |
| 外祖母 | **wài-zǔ-mǔ** | wai-dsu-mu | Oma (mütterl.) |
| 祖父 | **zǔ -fù** | dsu-fu | Opa (väterl.) |
| 外祖父 | **wài-zǔ-fù** | wai-dsu-fu | Opa (mütterl.) |
| 弟弟 | **dì-di** | di-di | jüngerer Bruder |
| 哥哥 | **gē-gē** | gé-gé | älterer Bruder |
| 妹妹 | **mèi-mei** | mäi-mäi | jüngeren Schwester |
| 姐姐 | **jiě-jie** | jiä-jiä | ältere Schwester |

**Nǐ zhǔn-bèi zài Zhōng-guó dāi duō-jiǔ?** 🔊
ni dshun-bäi dsai dshung-guo dai duo-djiu
*du vorbereiten in chinesisch-Land bleiben wie-lange*
Wie lange bleiben Sie in China?

**Wǒ zhǔn-bèi dāi liǎng zhōu.** 🔊
wo dshun-bäi dai liang dshou
*ich vorbereiten bleiben 2 Wochen*
Ich bleibe zwei Wochen.

**Wǒ yào zài Běi-jīng dāi sān tiān.** 🔊
wo yau dsai bäi-djing dai ßan tiän
*ich wollen in Peking bleiben drei Tag*
Ich will drei Tage in Peking bleiben.

**Nǐ xǐ-huan Zhōng-guó ma?**
ni chi-huan dshung-guo ma
*du gefallen chinesisch-Land FP*
Gefällt Ihnen China?

**Xǐ-huan.**
chi-chuan
*gefallen*
Ja, es gefällt mir.

**Nǐ zhù zài nǎ-li?**
ni dshu dsai na-li
*du wohnen in wo*
Wo wohnen Sie?

**Wo zhù zài ...**
wo dshu dsai ...
*ich wohnen in*
Ich wohne im/in ...

**Wǒmen shénme shí-hou jiàn-miàn?**
womën schënmë schi-chou djiän-miän
*wir was Zeit sehen-Gesicht*
Wann treffen wir uns?

# Zu Gast sein

**W**enn man nach Hause eingeladen wird, gibt es meist auch etwas zu essen. Dabei sollte man sich nicht an den lauten Essgeräuschen stören! Als besonders unhöflich gilt es allerdings, sich bei Tisch zu schnäuzen; dafür geht man hinaus. Man bringt höflicherweise ein kleines Geschenk mit, z. B. Wein, Schnaps, Blumen. Sehr guten Freunden kann man auch eine Stange Zigaretten schenken. Für die Kinder kann man Bonbons, Schokolade oder Spielzeug mitbringen.Man begrüßt sich mit Handschlag. Auf folgenden Willkommensgruß des Gastgebers gibt es keine Antwort:

*Generell betrachtet ist Unpünktlichkeit unhöflich. Bei privaten Einladungen wird nicht allzusehr auf Pünktlichkeit geachtet, bei offiziellen Anlässen, Einladungen in Restaurants o. Ä. sollte man lieber überpünktlich sein.*

## Zu Gast sein

*Mit einem Smart-phone können Sie sich die mit einem  gekennzeichneten Sätze dieses Kapitels anhören.*

**Huān-yíng huān-yíng!**
~~chu~~a̱n-ying ~~chu~~a̱n-ying
Willkommen! (sagt der Gastgeber)

**Qǐng jìn!**          **Qǐng zuò!**
tjing dshin          tjing dsuo
Treten Sie ein!    Setzen Sie sich!

**Chī ba!**          **Nín yào hē/chī shénme?**
tschi̱ ba          nin yau hĕ/tschi̱ schĕnmĕ
Essen Sie!        Was wollen Sie trinken/essen?

Möchte man sich verabschieden (möglichst nicht zu spät), kann man sagen:

**Wǒ xiǎng zǒu le.**          **Yí-jīng hěn wǎn le.**
wo chiang dsou lĕ          yi-djing ~~ch~~ĕn wan lĕ
*ich möchten gehen P*      *schon sehr spät P*
Ich möchte gehen.          Es ist schon so spät.

Und zum Schluss noch ein höfliches Danke-schön an den Gastgeber:

**Xiè-xie nǐ de yāo-qǐng.**
chiä-chiä nidĕ yau-tjing
*danken-danken dein einladen*
Vielen Dank für deine Einladung.

没关系。                    不要客气。
**Méi guān-xi.**          **Bú yào kè-qi.**
mäi guan-chi          bu yau kĕ-tji
*nicht Beziehung*      *nicht müssen höflich*
Keine Ursache.        Keine Ursache.

# Unterwegs ...

**E**rst einmal die Frage nach dem Weg, damit Sie die besonderen Sehenswürdigkeiten Chinas auch zu sehen bekommen:

| | | |
|---|---|---|
| **yí-hé-yuán** | yì-~~ehé~~-yüän | Sommerpalast |
| **gù-gōng** | gu-gung | Verbotene Stadt |
| **bīng-mǎ-yǒng** | bing-ma-yung | Terracotta-Armee |
| **cháng-chéng** | tshang-tchéng | Chines. Mauer |
| **tiān-tán** | tiän-tan | Himmelstempel |
| **wài-tān** | wai-tan | Shanghai Bund |
| **tiān-ān-mén** | tiän-an-mén | Tiananmen-Tor |
| **gǔ-lóu** | gu-lou | Trommelturm |

。。。在哪里?我想去。。。
**... zài nǎ-li?** **Wǒ xiǎng qù ....**
dsai na-li wo chiang tjü
*in wo* *ich möchten hingehen*
Wo liegt ... ? Ich möchte zu / nach ... gehen.

到/去。。。怎么走?
**Dào / qù ... zěnme zǒu?**
dau / tjü ... dsénmé dsou
*gehen / hingehen ... wie gehen*
Wo geht's nach ...?

去。。。走这条路对吗?
🎧 **Qù ... zǒu zhè tiáo lù duì ma?**
tjü ... dsou dshé tiau lu dui ma
*hingehen ... gehen dies Stück Straße richtig FP*
Bin ich hier richtig nach ...?

*Damit Sie die Richtungsangaben in der Antwort des Chinesen auch verstehen, sollten Sie einen Blick in die hintere Umschlagklappe werfen!*

请你(在地图上)指给我看!
**Qǐng nǐ (zài dì-tú shang) zhǐ gěi wǒ kàn!**
tjing ni (dsai di-tu schang) dshɨ gäi wo kan
*bitten du (in Karte auf) zeigen geben ich sehen*
Zeigen Sie mir das bitte (auf der Karte)!

我迷路了。
**Wǒ mí-lù-le!**
wo mi-lu-lě
*ich verlieren-Straße(-Verg.)*
Ich habe mich verlaufen!

去。。。往哪个方向走?
**Qù ... wǎng nǎ-ge fāng-xiàng zǒu?**
tjü ... wang na-gě fang-chiang dsou
*hin ... nach welches-Stück Richtung gehen*
In welcher Richtung ist ...?

Ebenfalls wichtig zur Orientierung sind:

| 红绿灯 | **hóng-lǜ-dēng** | chung-lü-děng | Ampel |
|---|---|---|---|
| 桥 | **qiáo** | tjiau | Brücke |
| 纪念碑 | **jì-niàn-bēi** | dji-niàn-bäi | Denkmal |
| 胡同 | **hú-tòng** | chu-tung | Gasse |
| 十字路口 | **shí-zì lù-kǒu** | schi-dsɨ lu-kou | Kreuzung |
| 市场 | **shì-chǎng** | schɨ-tschang | Markt |
| 博物馆 | **bó-wù-guǎn** | bo-wu-guan | Museum |
| 夜市 | **yè-shì** | yě-schɨ | Nachtmarkt |
| 公园 | **gōng-yuán** | gung-yüan | Park |
| 街道 | **jiē-dào** | djiä-dau | Straße |
| 广场 | **guǎng-chǎng** | guang-tschang | Platz |
| 动物园 | **dòng-wù-yuán** | dung-wu-yüan | Zoo |

这条街叫甚么?
🎶 **Zhè tiáo jiē jiào shénme?**
dshè tiau djiä djiau schénmè
*dies Stück Straße heißen was*
Wie heißt diese Straße?

是在这里附近吗?
🎶 **Shì zài zhè-li fù-jìn ma?**
schɨ dsai dshè-li fu-djin ma
*ist in hier nah-weit FP*
Ist das hier in der Nähe?

*Achtung:*
*Die Fahrräder in*
*China haben in der*
*Regel kein Licht und*
*viele Autos fahren*
*abends auch ohne!*
*Also aufgepasst!*

我可以走路去吗?
🎶 **Wǒ kě-yǐ zǒu-lù qù ma?**
wo kě-yi dsou-lu tjü ma
*ich können gehen-Straße hingehen FP*
Kann ich dorthin zu Fuß gehen?

### ... mit dem Fahrrad

Fahrräder kann man in vielen Städten in der
VR China mieten, z. B. beim Verleih, bei Ho-
tels oder auch Restaurants. Häufig muss als
Garantie der Pass oder eine bestimmte Sum-
me hinterlegt werden. Am besten den Preis
vorher (z. B. für einen Tag) erfragen.

我要租一辆自行车。
🎶 **Wǒ yào zū yí liàng zì-xíng-chē.**
wo yau dsu yi liang dsɨ-ching-tschè
*ich wollen mieten ein Stück Fahrrad*
Ich möchte ein Fahrrad mieten.

要付多少押金？
**Yào fù duōshao ya-jīn?**
yau fu duoschau ya-djin
*müssen bezahlen wie-viel Pfandgeld*
Wie viel muss ich hinterlegen?

租一天多少钱？
**Zū yì tiān duōshao qían?**
dsu yi tiän duoschau tjiän
*mieten eins Tag wie-viel Geld*
Was kostet die Miete pro Tag?

多少钱一小时？
**Duōshao qián yì xiǎo-shí?**
duoschau tjiän yi chiau-schɨ
*wie-viel Geld eins Stunde*
Was kostet es für eine Stunde?

## … mit dem Taxi

*Man kann Taxen übrigens auch für einen Tagesausflug mieten.*

Telefonisches Bestellen von Taxis ist nur schwer möglich, aber man kann, insbesondere in den großen Städten, Taxis überall auf der Straße herbeiwinken (wenn nicht gerade dort Halteverbot ist). Taxistände gibt es an vielen Hotels, an Bahnhöfen und Flughäfen.

*Am besten man lässt sich z. B. an einer Hotelrezeption den Bestimmungsort auf Chinesisch aufschreiben.*

出租汽车
**chū-zū-qì-che**
tschu-dsu-tji-tsche
*Taxi*
Taxi!

哪里有出租汽车？
**Nǎ-li yǒu chū-zū-qì-chē?**
na-li you tschu-dsu-tji-tsche
*wo haben Taxi*
Wo gibt es Taxen?

请替我叫一辆出租车。

🔊 **Qǐng tì wǒ jiào yí-liàng chū-zū-chē.**

tjing ti wo djiau yi-liang tschu-dsu-tschē

*bitten für ich rufen eins-mal mieten-Wagen*

Bitte rufen Sie ein Taxi.

请开到。。。　　我要去。。。

🔊 **Qǐng kāi dào ...**　　**Wǒ yào qù ...**

tjing kai dau　　wo yau tjü

*bitten fahren nach*　　*ich wollen hingehen*

Bitte zu / nach ...　　Ich möchte nach ...

*Vielerorts sind die Kilometerpreise im Heckfenster angeschlagen, hinzu kommt ein Grundpreis und Wartezeiten müssen gesondert gezahlt werden.*

到。。。多少钱？

🔊 **Dào ... duō-shǎo qián?**

dau ... duoschau tjiän

*zu ... wie-viel Geld*

Wie viel kostet es nach ...?

| | | | |
|---|---|---|---|
| **huǒ-chē-zhàn** | huo-tschē-dshan | Bahnhof | 火车站 |
| **gǎng-kǒu** | gang-kou | Hafen | 港口 |
| **lǚ-diàn** | lü-diän | Gasthof | 旅店 |
| **fàn-diàn** | fan-diän | Hotel | 饭店 |
| **yī-yuàn** | yi-yuän | Krankenhaus | 医院 |
| **fēi-jī-chǎng** | fäi-dji-tschang | Flughafen | 飞机场 |
| **shì-zhōng-xīn** | schɨ-dshung-chin | Stadtzentrum | 市中心 |
| **dào zhè-li** | dau dshè-li | hierher | 到这里 |

一公里多少钱？

🔊 **Yì gōnglǐ duōshao qián?**

yi gungli duoschau tjiän

*eins Kilometer wie-viel Geld*

Was kostet der Kilometer?

*In manchen Städten gibt es Dreiradtaxis (sān-lún-chē ßan-lun-tschè), die weit preiswerter als Autos sind.*

请打开计程表。

**Qǐng dǎ-kài jì-chéng-biǎo!**

tjing da-kai dji-tschéng-bi<u>a</u>u

*bitten anstellen Taxameter*

Bitte stellen Sie das Taxameter ein!

能等我一下吗?

**Néng děng wǒ yí-xià ma?**

nèng dèng wo yi-chia ma

*können warten ich eins-mal FP*

Können Sie auf mich warten?

请在这里等一下。

**Qǐng zài zhè-li děng yi-xià!**

tjing dsai dshè-li dèng yi-chia

*bitten in hier warten eins-mal*

Bitte warten Sie hier!

## ... mit dem Bus

*In vielen Großstädten hat man die Wahl zwischen Schnellbussen, klimatisierten Bussen, etc. Man muss sich vor Ort genau erkundigen.*

Busfahrten sind zwar sehr billig, die Busse aber zu den Stoßzeiten völlig überfüllt. Von bestimmten, ausgewiesenen Busbahnhöfen, die es in jeder Stadt gibt, gehen Überlandbusse ab. Gerade in etwas abgelegenen Regionen sind sie oft die einzige Verbindungsmöglichkeit.

长途汽车站在哪里?

**Cháng-tú-qì-chē zhàn zài nǎ-li?**

tschang-tu-tji-tschè dshan dsai na-li

*langer-Weg-Wagen Station in wo*

Wo ist der Bahnhof für Überlandbusse?

汽车什么时候开？

🔊 **Qìchē shénme shí-hou kāi?**

tjitschē schénmē schi-ehou kai

*Wagen was Zeit fahren*

Wann fährt der Bus?

去。。。的公共汽车在哪里停？

**Qù ... de gōng-gòng qì-chē zài nǎ-li tíng?**

tjü ... dē gung-gung tji-tschē dsai na-li ting

*gehen ... P öffentlichen Wagen in wo halten*

Wo halten die Busse nach ...?

买一张去。。。的票！

🔊 **Mǎi yì zhāng qù ... de piào!**

mai yi dshang tjü ... dē piau

*kaufen eins Stück gehen ... P Karte*

Eine Fahrkarte nach ...!

**Qù ... zuò jǐ lù-chē?**

tjü ... dsuo dji lu-tschē

*hingehen ... sitzen wie-viel Linie-Wagen*

Welcher Bus fährt zu/nach ....?

**Zhè tàng chē qù ... ma?**

dshē tang tschē tjü ... ma

*dies Stück Wagen gehen ... FP*

Fährt dieser Bus nach/zum ... ?

到。。。要多少钱？

🔊 **Dào ... yào duōshao qián?**

dau ... yau duoschau tjiän

*ankommen ... brauchen wie-viel Geld*

Was kostet die Fahrt nach ...?

*Zwischen etlichen Städten bestehen jetzt auch Autobahnen:*
高速公路
gāo-su-gōng-lù.

*Es gibt in etlichen Städten auch noch öffentliche Minibusse (xiǎo-gōng-gòng-qì-chē), die oft dieselben Strecken abfahren wie die großen Linienbusse. Sie sind teurer, aber bequemer und schneller. Sie fahren in der Regel aber erst los, wenn der Bus voll besetzt ist. Wenn man Pech hat, muss man etwas länger warten.*

下/末车几点钟开？
**Xià/mò bān qì-chē jǐ diǎn zhōng kāi?**
chia/mo ban tji-tschė dji diän dshung kai
*nächste/letzte Mal Wagen wie-viel Punkt Uhr fahren*
Wann fährt der nächste/letzte Bus?

到站请告诉我一声。
**Dào zhàn qǐng gào-su wǒ yì shēng.**
dau dshan tjing gau-ßu wo yi schéng
*erreichen Haltestelle bitten mitteilen ich ein Ton*
Sagen Sie bitte Bescheid, wenn wir da sind.

| | | |
|---|---|---|
| **chē-piào** | tschė-piau | Fahrschein |
| **chē-zhàn** | tschė-dshan | Haltestelle |
| **shòu-piào-yuán** | schou-piau-yüän | Schaffner |
| **chéng-wù-yuán** | tschéng-wu-yüän | Schaffner |
| **chū-fā** | tschu-fa | Abfahrt |
| **xià-chē** | chia-tschė | aussteigen |
| **shàng-chē** | schang-tschė | einsteigen |
| **sī-jī** | ßɨ-dji | Fahrer |

*Schaffner im Bus:*
*Im Zug jedoch:*

## ... mit der U-Bahn

In drei Städten, Guangzhou, Shanghai und Beijing gibt es ein bequem zu nutzendes U-Bahn-Netz, das allerdings zu Stoßzeiten ebenso überlastet ist wie die Busse.

最近的地铁站在哪里？
**Zuì jìn-de dì-tiě-zhàn zài nǎ-li?**
dsui djin-dė di-tiä-dshan dsai na-li
*meist nahe U-Bahn-Station in wo*
Wo ist die nächste U-Bahn-Station?

◎ **Qǐng nín gào-sù wǒ zài nǎ-li yào xià chē.**
tjing nĭn gau-ßu wo dsai nạ-li yau chia tschē
*bitten Sie sagen ich in wo müssen aussteigen Wagen*
Bitte sagen Sie mir, wo ich aussteigen muss.

### ... mit dem Zug

Bahnfahrten sind relativ preiswert und dazu interessant. Es gibt 4 Klassen: „hart" bzw. weich sitzen" und „hart" bzw. „weich schlafen". Es gibt heute aber moderne, oft vollklimatisierte Züge mit nur zwei Klassen, z. B. zwischen Hangzhou und Shanghai; Wuhan und Shanghai. Viele der modernen Züge sind Nichtraucherzüge.

一张到。。。的 票
◎ **Yī zhāng dào ... de piào.**
yi dshạng dau ... dẹ piạu
*ein Stück nach ... P Karte*
Eine Fahrkarte nach ...

从。。。到。。。多少钱？
◎ **Cóng ... dào ... duōshao qián?**
tsung ... dau ... duọschau tjiạn
*von ... nach ... wie-viel Geld*
Wie viel kostet es von ... nach ...?

软席多少钱？
◎ **Ruǎn-xí duōshao qián?**
shuạn-chi duọschau tjiạn
*Polstersitz wie-viel Geld*
Was kostet ein Sitz in der Comfortklasse?

| | | | |
|---|---|---|---|
| *Bahnhof* | 火车站 | **huǒ-chē-zhàn** | huo-tschē-dshan |
| *Bahnsteig* | 站台 | **zhàn-tái** | dshan-tai |
| *Bahnsteigkarte* | 站台票 | **zhàn-tái-piào** | dshan-tai-piau |
| *Fahrkarte* | 车票 | **chē-piào** | tschē-piau |
| *Kinderfahrkarte* | 儿童票 | **ér-tóng-piào** | ēr-tung-piau |
| *Schlafwagenkarte* | 卧铺票 | **wò-pù-piào** | wo-pu-piau |
| *Nichtraucher* | 不准吸烟 | **bù-zhǔn xī-yān** | bu-dshun chi-yän |
| *Raucherabteil* | 吸烟车厢 | **xī-yān chē-xiāng** | chi-yän tschē-chiang |
| *Speisewagen* | 餐车 | **cān-chē** | tsan-tschē |
| *Schlafwagen* | 卧铺车 | **wò-pù-chē** | wo-pu-tschē |
| *Hartsitz* | 硬座/席 | **yìng-zuò /-xí** | ying-dsuo /-chi |
| *Hartbett* | 硬卧 | **yìng-wò** | ying-wo |
| *Polstersitz* | 软座/席 | **ruǎn-zuò /-xí** | shuan-dsuo /-chi |
| *Polsterbett* | 软卧 | **ruǎn-wò** | shuan-wo |
| *Gepäck* | 行李 | **xíng-li** | ching-li |
| *Wartesaal* | 候车室 | **hòu-chē-shì** | hou-tschē-schi |
| *Ankunft* | 到达 | **dào-dá** | dau-da |
| *Abfahrt* | 出发 | **chū-fā** | tschu-fa |
| *Zugnummer* | 车号 | **chē-hào** | tschē-~~chau~~ |
| *Schnellzug* | 快车 | **kuài-chē** | kuai-tschē |
| *Express-Schnellzug* | 特别快车 | **tè-bié kuài-chē** | tę-biä-kuai-tschę |
| *einfacher Personenzug* | 普通客车 | **pǔ-(tōng kè)-chē** | pu-(tung kę)-tschē |
| *langsamer Zug* | 慢车 | **màn-chē** | man-tschē |
| *Schnellzug (direkt)* | 直快 | **zhí-kuài** | dshi̱-kuai |
| *Express* | 特快 | **tè-kuài** | tę-kuai |

行李室在哪里？
**Xíng-li-shì zài nǎ-li?**
ching-li-schi dsai na-li
*Gepäck-Raum in wo*
Wo ist die Gepäckaufbewahrung?

🎵 **Kāi-wǎng ... de liè-chē tíng zài jǐ zhàn tái?**
kai-wang ... dé liǎ-tschē ting dsai dji dshan tai
*abfahren ... P Zug halten in wie-viel Stück Bahnsteig*
Ab welchem Bahnsteig hält der Zug nach ... ?

到。。。的车几点开？

🎵 **Dào ... de chē jǐ diǎn kāi?**
dau ... dé tschē dji diän kai
*nach ... P Wagen wie-viel Punkt fahren*
Wann fährt der Zug nach ... ab?

这是去。。。的列车吗？

🎵 **Zhè shì qù ... de liè-chē ma?**
dshè schi tjü ... dé liǎ-tschē ma
*dies ist nach ... P Zug FP*
Ist dies der Zug nach ...?

要换车吗？　　　　　在哪里换车？

🎵 **Yào huàn chē ma?**　　**Zài nǎ-li huàn chē?**
yau ~~chu~~an tschē ma　　dsai na-li ~~chu~~an tschē
*müssen wechseln Wagen FP*　*in wo wechseln Wagen*
Muss ich umsteigen?　　Wo steige ich um?

这趟车直接到。。。吗？

🎵 **Zhè tàng chē zhí-jiē dào ... ma?**
dshè tang tschē-djiǎ dau ... ma
*dies Stück Wagen direkt ankommen ... FP*
Fährt der Zug direkt nach ...?

🎵 **Zhè-ge wèi-zi yǒu rén ma?**
dshè-gé wäi-dsi you shén ma
*dies-Stück Platz haben-Mensch FP*
Ist dieser Platz besetzt?

*Fahrkarten sind an den Bahnhöfen oder über die verschiedenen Reisebüros zu besorgen. Man sollte sich rechtzeitig darum kümmern, speziell im Sommer und in den Hauptreisezeiten (z. B. um den 1. Oktober oder in der Frühlingsfestwoche) sind sie rasch ausverkauft!*

*Bei Problemen kann man sich im Zug an das begleitende Personal wenden. Man kann normalerweise keine Rückfahrkarten erstehen, da für Hin- und Rückfahrt die Karte gesondert gekauft werden muss. Ohne Bahnsteigkarte darf man nicht auf den Bahnsteig gehen!*

*In vielen Zügen gibt es heißes Wasser. Auf Hauptlinien werden auch Tee, Kaffee und Snacks verkauft. Die großen Überland-Reisezüge verfügen alle über einen Speisewagen und oft über einen Laden.*

从。。。来的火车晚点吗？

**Cóng ... lái-de huǒ-chē wǎn-diǎn le ma?**

tsung ... lai-dė ~~chuo~~-tschė wan-diǎn lė ma

*von ... kommen-P Zug Verspätung P FP*

Hat der Zug aus ... Verspätung?

火车什么时候到。。。？

**Huǒ-chē shénme shí-hou dào ...?**

~~chuo~~-tschė schėnmė sch<u>i</u>-chou dau ...

*Zug was Zeit ankommen ...*

Wann wird der Zug in ... eintreffen?

*In vielen Zügen sind die Toiletten nach wie vor nicht gut. Selbst an Toilettenpapier und Seife denken!*

您可以帮我占一下这个位子吗？

**Nín kě-yǐ bāng wǒ zhàn yí-xià zhè-ge wèi-zi ma?**

nin kė-yi bang wo dshan yi-chia dshė-gė wǎi-dsi ma

*Sie können helfen ich besetzen eins-mal dies-Stück Platz FP*

Könnten Sie bitte kurz auf den/die Sitzplätze aufpassen?

我要退掉这张票。

**Wǒ yào tuì-diào zhè zhāng piào.**

wo yau tui diau dshė dshang p<u>i</u>au

*ich wollen zurückgeben dies Stück Karte*

Ich möchte dieses Ticket rückvergütet haben.

## ... mit dem Schiff

我要一张去。。。的船票。

**Wǒ yào yì zhāng qù ... de chuán-piào.**

wo y<u>a</u>u yi dshang tjü ... dė tschu<u>a</u>n-p<u>i</u>au

*ich wollen eins Stück gehen ... P Schiff-Karte*

Ich hätte gerne einen Schiffsplatz nach ...

（去。。。的）船什么时候开？

🗩 **(Qù ... de) chuán shénme shí-hou kāi?**

(tjü ... dè) tschuan shénmë schi-ehou kai

*(gehen ... P) Schiff was Zeit fahren*

Wann fährt das Schiff (nach ...)?

| | | | |
|---|---|---|---|
| 渡船 | **dù-chuán** | du-tschuan | *Fähre* |
| 摆渡 | **bǎi-dù** | bai-du | *Überfahrt* |
| 上船 | **shàng chuán** | schang tschuan | *an Bord gehen* |
| 客舱 | **kè-cāng** | ké-tsang | *Kabine* |
| 停泊处 | **tíng-bó-chù** | ting-bo-tschu | *Anlegestelle* |
| 船票 | **chuán-piào** | tschuan-piau | *Schiffsticket* |
| 一等舱 | **yī-děng-cāng** | yi-děng-tsang | *1. Klasse* |
| 二等舱 | **ér-děng-cāng** | èr-děng-tsang | *2. Klasse* |
| （轮）船 | **(lún-)chuán** | (lun-)tschuan | *Schiff* |
| 港口 | **gǎng-kǒu** | gang-kou | *Hafen* |

### ... im Flugzug (Inland)

Viele Buchungen können inzwischen in Großstädten bequem über Reisebüros, Hotels oder über die verschiedenen Fluggesellschaften vorgenommen werden.

🗩 **Qù ... de (lái-huí) piào yào duōshao qián?**

tjü ... dè (lai-hui) piau yau duoschau tjiän

*gehen ... von (Hin-Rück)-Karte wollen wie-viel Geld*

Was kostet ein Flug (Hin- und Rück) nach ...?

🗩 **Yǒu méi yǒu děng-hòu-wèi?**

you mäi you dèng-ehou-wäi

*haben nicht haben warten-Plätze*

Gibt es Stand-by-Plätze?

| Eingang | 入口 | **rù-kǒu** | ru-kou |
| Ausgang | 出口 | **chū-kǒu** | tschu-kou |
| Check-in | 登记 | **dēng-jì** | dėng-dji |
| Schalter | 窗口 | **chuāng-kǒu** | tschuang-kou |
| Gate | 门 | **mén** | mén |
| buchen | 订 | **dìng** | ding |
| bestätigen | 再确认 | **zài què-rén** | dsai tjüä-shėn |
| Flug streichen | 取消 | **qǔ-xiāo** | tjü-chiau |
| FLug stornieren | 退票 | **tuì piào** | tui piau |
| hin und zurück | 来回 | **lái húi** | lai chöi |
| einfach | 单程 | **dān-chéng** | dan-tscheng |
| Economy Class | 普通舱 | **pǔ-tōng cāng** | pu-tung tsang |
| Business Class | 商务舱 | **shāng-wù cāng** | schang-wu tsang |
| 1. Klasse | 头等舱 | **tóu-děng cāng** | tou-dėng tsang |
| am Fenster | 靠窗的 | **kào chuāng-de** | kau tschuang-dė |
| im Gang | 走廊的 | **zǒu láng-de** | dsou lang-dė |
| Sitzplatz | 座位 | **zùo-wèi** | dsuo-wäi |
| Verspätung | 晚点 | **wǎn-diǎn** | wan-diän |

Foto: © Rese, fotolia.com

| 降落 | **jiàng-lùo** | djiang-luo | *landen* |
| 手提行李 | **shǒu-tí xíng-lǐ** | schou-ti ching-li | *Handgepäck* |
| 问讯台 | **wèn-xùn-tái** | wen-chün-tai | *Information* |
| 托运行李 | **tuō-yùn xíng-lǐ** | tuo-yün ching-li | *Gepäck aufgeben* |
| 起飞 | **qǐ-fēi** | tji-fäi | *Abflug* |
| 到达 | **dào-dá** | dau-da | *Ankunft* |
| 机场 | **jī-chǎng** | dji-tschang | *Flughafen* |
| 飞机票 | **fēi-jī-piào** | fäi-dji-piau | *Flugticket* |
| 登记卡 | **dēng-jī-kǎ** | deng-dshi-ka | *Bordkarte* |
| 机场费 | **jī-chǎng-fēi** | dji-tschang-fäi | *Flughafengebühr* |

# Fotografieren

In der Regel darf man alles und überall fotografieren. Wo es nicht erlaubt ist, stehen fast immer auch Schilder. Auch ohne besonderes Hinweisschild ist es in jedem Fall verboten, militärische Anlagen zu fotografieren!

我可以照相吗?

🎧 **Wǒ kě-yǐ zhào-xiàng ma?**
wo ke-yi dshau-chiang ma
*ich dürfen fotografieren-Foto FP*
Darf ich fotografieren?

禁止照相!

🎧 **Jìn-zhǐ zhào-xiàng!**
djin-dshi dshau-chiang
*verbieten fotografieren-Foto*
Fotografieren verboten!

| | | | |
|---|---|---|---|
| *Videokamera* | 摄像机 | **shè-xiàng-jī** | schè-chiang-dji |
| *fotografieren* | 照相 | **zhào-xiàng** | dshau-chiang |
| *filmen* | 拍 | **pái** | pai |
| *Film* | 胶卷 | **jiāo-juǎn** | djiau-djüän |
| *Farb-* | 彩色 | **cǎi-sè** | tsai-ßé |
| *Schwarz-Weiß-* | 黑白 | **hēi-bái** | häi-bai |
| *Dia-* | 幻灯片 | **huàn-dēng-piàn** | ehuan-dèng-piän |
| *Batterie* | 电池 | **diàn-chí** | diän-tschi |
| *Film entwickeln* | 冲洗 | **chóng-xǐ** | tschung-chi |

能不能修理我的照相机？

**Néng bù néng xiū-li wǒde zhào-xiàng-jī?**
nèng bu nèng chiu-li wodé dshau-chiang-dji
*können nicht können reparieren mein Fotoapparat*
Können Sie meinen Fotoapparat reparieren?

我想冲洗这卷胶卷。

**Wǒ xiǎng chōng-xǐ zhè juǎn jiāo-juǎn.**
wo chiang tschung-chi dshé djüan djiau-djüän
*ich mögen entwickeln dies Rolle Film*
Ich möchte diesen Film entwickeln lassen.

# Einkaufen

**I**n Geschäften (staatliche wie private), in denen die Preise festgelegt sind, kann man nicht handeln. Das wäre unhöflich. Auf den (Gemüse- bis Bekleidungs-)Märkten und in vielen privaten Lädchen ist Handeln und Feilschen üblich. Vorsicht vor Fälschungen, prüfen Sie Ihre Ware!

哪里有。。。?
🔊 **Nǎ-li yǒu ...?**
na-li you
*wo haben*
Wo gibt es ...?

有没有。。。?
**Yǒu méi yǒu ...?**
you mäi you
*haben nicht haben*
Haben Sie ...?

我要。。。
🔊 **Wǒ yào ...**
wo yau
*ich wollen*
Ich hätte gerne ...

我想买。。。
**Wǒ xiǎng mǎi ...**
wo chiang mai
*ich mögen kaufen*
Ich möchte ... kaufen.

我在哪里哟可以买到。。。?
**Wǒ zài nǎ-li kě-yǐ mǎi-dào ...?**
wo dsai na-li kě-yi mai-dau
*ich in wo können einkaufen*
Wo kann ich ... kaufen?

请给我。。。
🔊 **Qǐng gěi wǒ ...**
tjing gäi wo
*bitten geben ich*
Geben Sie mir bitte...

请给我看看。。。
**Qǐng gěi wǒ kàn-kan ...**
tjing gäi wo kan-kan
*bitten geben ich sehen-sehen*
Zeigen Sie mir bitte ...

*Fantasiepreise nennen die Händler in Touristenzentren einer „Langnase" (dà bízi), wie die Chinesen westliche Ausländer nennen. Es hat sich so etwas wie ein „Volkssport" entwickelt, das „Ausländer-Schlachten" (zǎi lǎowài), wie das Übers-Ohr-Hauen der Ausländer genannt wird.*

*Mit einem Smartphone können Sie sich die mit einem 🔊 gekennzeichneten Sätze dieses Kapitels anhören.*

| gèng hǎo-de | gěng chau-dě | noch Besseres |
|---|---|---|
| guì | gui | teuer |
| tài guì-le | tai gǒi-lě | zu teuer |
| pián-yi | piän-yi | billig |
| bú guì | bu gǒi | nicht teuer |
| dà-yì-diǎn | da-yi-diän | größer |
| xiǎo-yì-diǎn | chiau-yi-diän | kleiner |
| jiǎ-de | djia-dě | falsch |
| zhēn-de | dshěn-dě | echt |

这个要多少钱？
**Zhè-ge yào duōshao qián?**
dshé-gé yau duoschau tjiän
*dies-Stück wollen wie-viel Geld*
Wie viel kostet dies?

。。。要多少钱？
**... yào duōshao qián?**
... yau duoschau tjiän
*... wollen wie-viel Geld*
Wie viel kostet ...?

**Tài guì-de wǒ bú yào.**
tai gui-dé wo bu yau
*zu teuer-P ich nicht wollen*
Ich will nichts Teures.

**Wǒ mǎi zhè-ge.**
wo mai dshé-gé
*ich kaufen dies-Stück*
Das nehme ich.

## Farben

| | | |
|---|---|---|
| **huángsè** | ~~ch~~uangßé | gelb |
| **chéngsè** | tschéngßé | orange |
| **hóngsè** | ~~ch~~ungßé | rot |
| **lánsè** | lanßé | blau |
| **lǜsè** | lüßé | grün |
| **zōngsè** | dsungßé | braun |
| **cǎisè** | tsaißé | bunt |
| **báisè** | baißé | weiß |
| **hēisè** | ~~ch~~äißé | schwarz |

**Hài yǒu qí-tā de yán-sè ma?**
~~ch~~ai you tschi-ta de yän-sè ma
*noch haben andere Farbe FP*
Haben Sie auch andere Farben?

🔊 **Yǒu xiǎo/dà yì-diǎn-de ma?**
you chiau/da yi-diän-de ma
*haben klein/groß ein-bisschen-P FP*
Gibt es (das) noch kleiner/größer?

🔊 **Zhè-ge tài xiǎo/dà le.**
dsché-gé tai chiau/da le
*dies-Stück zu klein/groß*
Das ist mir zu klein/groß!

## Essen & Trinken

**D**ie Spezialitäten variieren je Region:

Der Norden mit Peking und Shandong: Bekannt sind die vielen Zubereitungsarten. Besonderheiten sind die Gerichte der kaiserlichen Küche, die Peking-Ente und der mongolische Feuertopf.

Der Osten mit Shanghai, Jiangsu und Zhejiang ist wegen der Meeresnähe stark auf Meeresfrüchte ausgerichtet.

Der Westen (Sichuan und Hunan) zeichnet sich durch scharfe Gerichte (mit Ingwer, Knoblauch, Chili und Sichuanpfeffer) aus. Eine Spezialität ist der sehr scharfe Tofu (má-pó-dòu-fu = *Tofu nach Art der pockennarbigen Mutter*) oder Feuertopf.

Der Süden mit Guangzhou (Kanton) bietet eine Unmenge an Gemüse-, Enten-, Gänse- und Fischspezialitäten sowie das berühmte Dim-Sum = *gedämpfte Teigtaschen*.

*Chinesen essen dreimal am Tag warm. Grundnahrungsmittel sind dabei in Südchina Reis und in Nordchina Teigwaren. Dazu wird Fleisch, Fisch und Gemüse gegessen.*

Foto:
© Lucky Dragon, fotolia.com

## Restaurants & Co.

| 饭店 | **fàn-diàn** | fan-diän |
|---|---|---|
| 饭馆 | **fàn-guǎn** | fan-guan |
| 餐馆 | **cān-guǎn** | tsan-guan |
| 酒家 | **jiǔ-jiā** | djiu-djia |
| 饭庄 | **fàn-zhuāng** | fan-dshuang |

**Zhè-li yǒu hǎo de cān-guǎn ma?**
dshě-li you ~~chau~~ dě tsan-guan ma
*hier haben bekannt von Essen-Laden FP*
Gibt es hier ein gutes Restaurant?

| | | | |
|---|---|---|---|
| Schnellimbiss | 快餐部 | **kuài-cān-bù** | kuai-tsan-bu |
| Imbissstube | 小吃店 | **xiǎo-chī-diàn** | chiau-tschi-diän |
| Imbissstube | 小吃部 | **xiǎo-chī-bù** | chiau-tschi-bu |
| Peking-Enten-Restaurant | 烤鸭店 | **kǎo-yā-diàn** | kau-ya-diän |
| Nudel-Restaurant | 面馆 | **miàn-guǎn** | miän-guan |
| Teigtaschen-Stube | 包子铺 | **bāo-zi-pù** | bau-dsi-pu |
| Suppen-Restaurant | 馄饨馆 | **hún-tún-guǎn** | ~~chun-tun-guan~~ |
| Vegetarisches Restaurant | 素菜馆 | **sù-cài-guǎn** | ßu-tsai-guan |
| Moslem-Restaurant | 清真馆 | **qīng-zhēn-guǎn** | tjing-dshěn-guan |
| Café | 咖啡店 | **kā-fēi-diàn** | ka-fäi-diän |
| Teestube | 茶馆 | **chá-guǎn** | tscha-guan |

## im Restaurant

Im Restaurant bestellt man kein Gericht für
sich allein, sondern wählt z. B. für fünf Perso-
nen fünf Hauptgerichte aus, dazu Reis oder
Nudeln und eine Suppe. Alles wird in die
Tischmitte gestellt und jeder nimmt sich et-
was von allem. Geht man hingegen in eine

Garküche oder eine Nudel- oder Teigtaschen-
oder Suppen-Stube, bestellt jeder ein Gericht
für sich.

请把菜单给我。
**Qǐng bǎ cài-dān gěi wǒ.**
tjing ba tsai-dan gäi wo
*bitten nehmen Speise-Karte geben ich*
Die Speisekarte, bitte.

有英文菜单吗?
**Yǒu yīng-wén cài-dān ma?**
you ying-wén tsai-dan ma
*haben Englisch Speisekarte FP?*
Gibt es eine englische Speisekarte?

*In Touristenzentren
und Großstädten
finden sich mittlerwei-
le auch Speisekarten
auf Englisch, aber das
bleibt eine Ausnahme!*

这里有什么名菜?
**Zhè-li yǒu shénme míng-cài?**
dshè-li you schènmě ming-tsai
*hier haben was bekannt-Essen*
Was ist Ihre Spezialität?

哪个菜好吃?
**Něi-ge cài hǎo-chī?**
näi-gé tsai chau-tschi
*welches Essen wohlschmeckend*
Was können Sie uns empfehlen?

每人二十块钱。
**Měi rén ér-shí kuài qián.**
mäi schèn èr-schi kuai tjiän
*jede Person zwei-zehn Stück Geld*
Für jeden zu zwanzig Yuan.

*Geht man zu
mehreren essen, kann
man auch pro Person
einen Fixpreis
ausmachen.*

我不吃肉。      我们要。。。
**Wǒ bù chī ròu.**      **Wǒmen yào ...**
wo bu tschɨ shou      womén yau ...
*ich nicht essen Fleisch*      *wir wollen ...*
Ich esse kein Fleisch.      Wir möchten ...

## Gerichte

| | | |
|---|---|---|
| 名菜 | **míng-cài** ming-tsai | Spezialität |
| 冷盘 | **lēng-pán** lèng-pan | Kalte Platte |
| 素菜 | **sù-cài** ßu-tsai | Vegetarisches Gericht |
| 饺子 | **jiǎo-zi** djiau-dsɨ | Maultaschen, gefüllt mit Fleisch oder Gemüse |
| 包子 | **bāo-zi** bau-dsi | gefüllte und gedämpfte Klöße bzw. Teigtaschen |
| 炸春卷 | **zhá-chūn-juǎn** dsha-tschun-djüän | Fritierte Frühlingsrollen |
| 古老肉 | **gǔ-lǎo-ròu** gu-lau-shou | Süß-saures Schweinefleisch |
| 香酥鸡 | **xiāng-sū-jī** chiang-ßu-dji | Knusprig gebackenes Huhn |
| 芙蓉鸡片 | **fú-róng jī-piàn** fu-shung dji-piän | Weiße Hühnerbrust mit Ei und Gemüse |
| 葱油鸡 | **cōng-yóu-jī** tsung-you-dji | In Salz mariniertes und gedämpftes Huhn |
| 宫保鸡丁 | **gōng-bǎo-jī-dīng** gung-bau-dji-ding | Gebratenes Hühnerfleisch m. Erdnüssen (scharf) |
| 北京烤鸭 | **Běi-jīng kǎo-yā** bäi-djing kau-ya | Peking-Ente |
| 板鸭 | **bǎn-yā** ban-ya | Kanton-Ente |
| 火锅 | **huǒ-guō** ~~chu~~uo-guo | Feuertopf |
| 汤 | **tāng** tang | Suppe |
| 汤面 | **tāng-miàn** tang-miän | Nudelsuppe |

| | | 酸辣汤 |
|---|---|---|
| **suān-là-tāng** ßuan-la-tang | | |
| Sauer-scharfe-Suppe | | |
| **diǎn-xīn** diän-chin Dimsum (Kanton) | | 点心 |
| **là-zi ròu-dīng** la-dsɨ rou-ding | | 辣子肉丁 |
| Schweinefleisch mit grüner Paprika | | |
| **mǐ-fàn** mi-fan Gekochter Reis | | 米饭 |
| **chǎo-fàn** tschau-fan Gebratener Reis | | 炒饭 |
| **nuò-mǐ** nuo-mi Klebereis | | 糯米 |
| **miàn-tiáo** miän-tiau Nudeln | | 面条 |
| **chǎo-miàn** tschau-miän | | 炒面 |
| Gebratene Nudeln | | |

这个菜叫什么？

》 **Zhè-ge cài jiào shénme?**
dshé-gè tsai djiau schènmè
*dies-Stück Gericht heißen was*
Wie heißt dieses Gericht?

Foto: © Stephan Thiel, fotolia.com

**Qǐng nǐ shàng mǐ-fàn. Yǒu méi yǒu ...?**
tjing ni schang mi-fan        you mäi you
*bitten du auf Reis-Essen     haben nicht haben*
Bitte bringen Sie Reis.       Haben Sie ... ?

## Gemüse

*Natürlich wird in China Hundefleisch (gǒu-ròu) gegessen, doch wahrhaftig nicht in allen Restaurants und auch nicht in allen Regionen. Gerade in Südchina, etwa Guangzhou, kommen die unterschiedlichsten Wildtiere von Schlangen bis hin zu Skorpionen auf den Tisch. Wenn man es wagen möchte: „Mal probieren!" (cháng-yi-cháng!)*

| | | |
|---|---|---|
| **qié-zi** | tjiä-dsɨ | Aubergine |
| **zhú-sǔn** | dshu-ßun | Bambussprossen |
| **yín-ěr** | yin-ěr | Baumpilze |
| **dà-bái-cài** | da-bai-tsai | Chinakohl/Kohl |
| **wān-dòu** | wan-dou | Erbsen |
| **shū-cài** | schu-tsai | Gemüse |
| **huáng-guā** | chuang-gua | Gurke |
| **tǔ-dòu** | tu-dou | Kartoffel |
| **jiǔ-cài** | djiu-tsai | Lauch |
| **hú-luó-bo** | chu-luo-bo | Möhrrübe |
| **mù-ěr** | mu-ěr | Mu-Err-Pilze |
| **shì-zi-jiāo** | schɨ-dsɨ-djiau | Paprikagemüse |
| **yóu-cài** | you-tsai | Raps |
| **luó-bo** | luo-bo | Rübe |
| **qín-cài** | tjin-tsai | Sellerie |
| **dòu-yá** | dou-ya | Sojabohnenkeime |
| **lú-sǔn** | lu-ßun | Spargel |
| **mó-gu** | mo-gu | Speisepilz |
| **bō-cài** | bo-tsai | Spinat |
| **dòu-jiǎo** | dou-djiau | Stangenbohne |
| **bái-shǔ** | bai-schu | Süßkartoffel |
| **dòu-fu** | dou-fu | Tofu |
| **fān-qié** | fan-tjiä | Tomate |
| **mǎ-tí** | ma-ti | Wasserkastanie |
| **dōng-guā** | dung-gua | Wintermelone |
| **yáng-cōng** | yang-tsung | Zwiebel |

## Fleisch und Fisch

| | | | |
|---|---|---|---|
| **shàn-yú** | schan-yü | Aal | 鳝鱼 |
| **yā-zi** | ya-dsi | Ente | 鸭子 |
| **ròu (lèi)** | shou (läi) | Fleisch(gericht) | 肉(类) |
| **yú (lèi)** | yü (läi) | Fisch(gericht) | 鱼(类) |
| **xiā** | chia | Garnelen | 虾 |
| **jiā-qín-lèi** | djiä-tjin-läi | Geflügelgericht | 家禽类 |
| **huáng-yú** | huang-yü | Gelbfisch | 黄鱼 |
| **yáng-ròu** | yang-shou | Hammelfleisch | 羊肉 |
| **jī-ròu** | dji-shou | Hähnchen(fleisch) | 鸡肉 |
| **lǐ-yú** | li-yü | Karpfen | 鲤鱼 |
| **páng-xiè** | pang-chiä | Krebs | 螃蟹 |
| **lóng-xiā** | long-chia | Languste | 龙虾 |
| **hǎi-xiān** | chai-chiän | Meeresfrüchte | 海鲜 |
| **niú-ròu** | niu-shou | Rindfleisch | 牛肉 |
| **zhū-ròu** | dshu-shou | Schweinefleisch | 猪肉 |
| **shé** | schè | Schlange | 蛇 |
| **yóu-yú** | you-yü | Tintenfisch | 鱿鱼 |

## Zubereitungsarten

Beim Bestellen hilft es, einige typische Zubereitungsarten zu kennen:

| | | |
|---|---|---|
| **chǎo** | tschau | in der Pfanne kurz gebraten |
| **zhēng** | dshèng | dämpfen |
| **dùn** | dun | schmoren, langsam kochen |
| **zhǔ** | dshu | kochen, Essen zubereiten |
| **xūn** | chün | räuchern |
| **kǎo** | kau | braten, grillen |
| **zhá** | dsha | in Öl braten, frittieren |

### Gewürze & Zutaten

*Das Essen mit Stäbchen sollte man unbedingt erlernen, da westliches Besteck nur in Touristenrestaurants zu haben ist. Ein Tipp: Ein Drittel der Stäbchen sollte über der haltenden Hand und zwei Drittel darunter liegen, dann ist es am einfachsten. Und so geht's:*

| | | |
|---|---|---|
| **là-zi** | la-dsɨ | Cayennepfeffer |
| **huā-jiāo** | ~~ch~~ua-djiau | Sichuanpfeffer |
| **là-jiàng-yóu** | la-djiang-you | Chili-Soja-Soße |
| **cù** | tsu | Essig |
| **xiāng-liào** | chiang-liau | Gewürze |
| **wèi-jīng** | wäi-djing | Glutamat |
| **jiāng** | djiang | Ingwer |
| **dà-suàn** | da-ßuan | Knoblauch |
| **gān-là-jiāo** | gan-la-djiau | Paprikagewürz |
| **hú-jiāo** | ~~ch~~u-djiau | Pfeffer |
| **yán** | yän | Salz |
| **jiàng-yóu** | djiang-you | Sojasoße |
| **guì-pí** | gui-pi | Zimt, Kassiarinde |
| **(bái-)táng** | (bai-)tang | Zucker |

请(您)多放一点盐。

**Qǐng (nín) duō fàng yìdiǎn yán!**
tjing (nin) duo fang yidiän yän
*bitte (Sie) viel einfügen etwas Salz*
Bitte fügen Sie etwas mehr Salz zu.

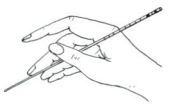

*Das erste, feststehende Stäbchen wird in die Mulde zwischen Daumen und Zeigefinger gelegt. Das untere Ende liegt fest auf dem ersten Gelenk des Ringfingers.*

| | | |
|---|---|---|
| **tài ...** | tai ... | zu ... |
| **bǐ-jiào ...** | bi-djiau ... | ziemlich ... |
| **shēng** | schäng | roh |
| **xián** | chiän | salzig |
| **suān** | ßuan | sauer |
| **là** | la | scharf |
| **tián** | tiän | süß |
| **tàng/rè** | tang/shè | heiß |
| **lěng** | läng | kalt |

我不喜欢辣的。

**Wǒ bù xǐ-huān là-de.**

wo bu chi-chuan la-dè

*ich nicht mögen scharf-P*

Ich mag es nicht so scharf.

### Süße Speisen

**dòu-huā** dou-chua
Gestockte Sojamilch mit Sirup
**dòu-shā-bāo** dou-scha-bau
Teigtaschen mit süßer Rotbohnen-Paste
**bā-bǎo-fàn** ba-bau-fan
Süßer Reispudding mit Lotoskernen,
kandierten Früchten, Bohnenpaste u. a.
**bá-sī píng-guǒ** ba-ßï ping-guo   In heißem Öl
kandierte Äpfel
**nián-gāo** niän-gau
Neujahrskuchen aus klebrigem Reismehl
**dàn-gāo** dan-gau   Torte
**diǎn-xīn** diän-chin   Gebäck
**bīng-qí-lín** bing-tji-lin   Eis(creme)

*Das zweite, bewegliche Stäbchen wird von Daumen und Zeigefinger gehalten. Die Spitzen beider Stäbchen müssen auf gleicher Höhe sein.*

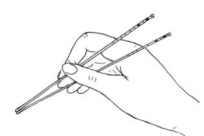

*Um das Essen aufzunehmen, führt man mit den Stäbchen eine Zangenbewegung aus, indem man das erste Stäbchen ruhig hält und nur das zweite bewegt.*

### Frühstück

In vielen Hotels (ab drei Sternen) und den Touristenzentren bekommt man mittlerweile ein akzeptables westliches Frühstück. Probieren Sie aber auch einmal das chinesische Frühstück, bestehend aus einer Suppe (Reis, Hirse u. Ä.), Teigwaren (gedämpft, gebraten, fritiert), gesalzenem, eingelegtem Gemüse und anderen Zutaten. Ein Versuch lohnt sich!

| | | |
|---|---|---|
| **miàn-bāo** | mi~~ä~~n-bau | Brot |
| **huáng-yóu** | ~~ch~~uang-you | Butter |
| **(zhǔ-)jī-dàn** | (dshu) dji-dan | (gekochtes) Ei |
| **jiān jī-dàn** | djiän dji-dan | Spiegelei |
| **chǎo jī-dàn** | tschau dji-dan | Rührei |
| **suān-nǎi** | ßu~~a~~n-nai | Jogurt |
| **guǒ-jiàng** | gu~~o~~-djiang | Marmelade |
| **xī-fàn** | chi-fan | Reisbrei |
| **yóu-tiáo** | you-ti~~a~~u | fritierte Teigstange |

*Banketts haben in China eine lange Tradition. Zunächst wird an einem großen Tisch Tee getrunken und geplaudert. Dann nehmen alle am runden Tisch Platz. Dort sitzt der Gastgeber mit dem Gesicht zur Tür und bedient mit einem gesonderten Paar Essstäbchen die Gäste rechts und links von sich.*

**Hǎo chī ma?**
~~ch~~au tschi ma
*gut essen FP*
Wie schmeckt es?

**Fēi-cháng hǎo chī.**
fäi-tschang ~~ch~~au tschi
*besonders gut essen*
Schmeckt ausgezeichnet.

**Zhè dùn fàn chī-de hěn hǎo.**
dshè dun fan tschi-dè ~~ch~~èn ~~ch~~au
*dies Mal Essen essen(-Verg.) sehr gut*
Das Essen war sehr gut.

请结帐!
**Qǐng jié-zhàng!**
tjing djiä-dsh~~a~~ng
*bitten  Rechnung*
Die Rechnung, bitte!

请买单!
**Qǐng mǎi-dàn!**
tjing mai-d~~a~~n
*bitten kaufen-Rechnung*
Zahlen, bitte!

Falls Sie jedoch noch etwas brauchen:

请给我。。。
**Qǐng gěi wǒ ...**
tjing gäi wo
*bitten geben ich*
Bringen Sie mir bitte ...

| | | |
|---|---|---|
| **píng** | ping | Flasche |
| **guàn-tou** | guan-tou | Dose |
| **bó-lí-bēi** | bo-li-bäi | Glas |
| **tāng-sháo** | tang-schau | Schöpflöffel |
| **kuài-zi** | kuai-dsï | Essstäbchen |
| **sháo-zi** | schau-dsï | Löffel |
| **chā-zi** | tscha-dsï | Gabel |
| **dāo-zi** | dau-dsï | Messer |
| **pán-zi** | pan-dsï | Teller |
| **wǎn** | wan | Schälchen |

## Getränke

Chinesen trinken im Allgemeinen Tee oder heißes Wasser. In Großstädten und touristischen Zentren ist Kaffee erhältlich.

| | | |
|---|---|---|
| **kāi-shuǐ** | kai-schöi | abgekochtes Wasser |
| **(kuàng-quán-)shuǐ** | (kuang-tjüän-)schöi | (Mineral-) Wasser |
| **guǒ-zhī** | guo-dshï | Fruchtsaft |
| **jú-zi-zhī** | djü-dsi-dshï | Orangensaft |
| **jú-zi-shuǐ** | djü-dsi-schöi | Orangenlimonade |
| **qì-shuǐ** | tji-schöi | Limonade |
| **kě-lè** | kě-lè | Coca-Cola |
| **chá** | tscha | Tee |
| **lǜ-chá** | lü tscha | grüner Tee |
| **hóng chá** | ~~ch~~ung tscha | schwarzer Tee |
| **(mò-li) huā chá** | (mo-li) ~~ch~~ua tscha | Jasmintee |
| **kā-fēi** | ka-fäi | Kaffee |
| **kě-kě** | kě-kě | Kakao |
| **jiā niú-nǎi** | djia niu-nai | mit Milch |
| **jiā bái-táng** | djia bai-tang | mit Zucker |

*In chinesischen Schriftzeichen sieht „Coca-Cola" so aus:* 可口可乐 *und bedeutet wörtlich so viel wie „schmeckt köstlich – macht Freude". Doch wohl eine ideale Übersetzung des Produktnamens?*

请再来一瓶/杯啤酒。
**Qǐng zài lái yì píng/bēi píjiǔ .**
tjing dsai lai yi ping/bäi pidjiu
*bitten wieder bringen eins Flasche/Glas Bier*
Bitte bringen Sie noch eine Flasche/Glas Bier.

Bier ist zu einem Lieblingsgetränk in China geworden, man kann es überall bekommen. In China sind mittlerweile viele Biersorten, überregionale wie günstigere regionale (dì-fāng pí-jiǔ), importierte wie einheimische zu finden. Auch chinesische Rot- und Weißweine werden immer häufiger angeboten.

*Handelt es sich um Fassbier, nennt sich das:* shēng-pí pí-jiǔ schēng-pi pi-djiu *oder umgangssprachlicher:* jiā-pí pí-jiǔ djia-pi pi-djiu.

| | | |
|---|---|---|
| **pí-jiǔ** | pi-djiu | Bier |
| **pú-tao-jiǔ** | pu-tau-djiu | Wein |
| **huáng-jiǔ** | huang-djiu | Reiswein |
| **gān pú-tao-jiǔ** | gan pu-tau-djiu | trockener Wein |
| **hóng pú-tao-jiǔ** | ~~chung~~ pu-tau-djiu | Rotwein |
| **bái pú-tao-jiǔ** | bai pu-tau-djiu | Weißwein |
| **xiāng-bīn-jiǔ** | chiang-bin-djiu | Sekt |
| **bái-lán-dì-jiǔ** | bai-lan-di-djiu | Brandy |
| **wǔ-liáng-yè** | wu-liang-yä | Getreidebranntwein |
| **dà-qū** | da-tjü | Getreidebranntwein |
| **máo-tái jiǔ** | mau-tai djiu | Getreidebranntwein |
| **fēn-jiǔ** | fān-djiu | Getreidebranntwein |
| **zhú-yè-qīng** | dshu-yä-tjing | Kräuterschnaps |
| **bái jiǔ** | bai djiu | Schnaps |

Trinksprüche sind bei einem Bankett ein „Muss". Es wäre unhöflich zu trinken, bevor der Gastgeber auf seinen Gast einen Trinkspruch ausgebracht hat. Dieser Trinkspruch muss erwidert werden, entweder sofort oder beim nächsten Gang. Für Ausländer reicht es jedoch mit „Prost" zu antworten:

| | | |
|---|---|---|
| **Gān bēi!** | **Zhù nín jiàn-kāng!** | *In der Anwesenheit* |
| gan bäi | dshu nin djiän-kang | *von Fremden trinken* |
| *trocken Glas* | *wünschen Sie Gesundheit* | *Chinesen gewöhnlich* |
| Prost! | Auf Ihr Wohl! | *wenig. Sich in einer* |

*In der Anwesenheit von Fremden trinken Chinesen gewöhnlich wenig. Sich in einer solchen Situation betrunken zu zeigen, wäre ein Unding.*

Bei jedem Trinkspruch muss das Glas gehoben worden. Getrunken wird der starke chinesische Schnaps, Bier oder Wein. Man kann aber auch mit Limonade oder Mineralwasser zuprosten, das gilt nicht als unhöflich. (Im vertrauten Kreis bei Freunden gelten freilich ganz andere Regeln.)

# Im Hotel

In der VR China gibt es Unterkünfte aller Kategorien, angefangen bei ganz einfachen Herbergen bis hin zu Luxushotels in den Großstädten. In vielen größeren Hotels gehören Wäschewaschen, Postschalter, Geldwechsel, Frisör, Massage, Läden, Souvenirshop und Restaurants etc. zum Service.

Für Hotels gibt es verschiedene Ausdrücke: Allgemein gebräuchlich ist lǚ-guǎn oder bīn-guǎn. Für größere und große Hotels wird fàn-diàn benutzt, für kleinere Hotels oder Herbergen xiǎo lǚ-guǎn, lǚ-diàn oder jiǔ-diàn.

**Nǎ-ge lǚ-guǎn hǎo?**
na-gê lü-guan ~~chau~~
*welches-Stück Hotel gut*
Kennen Sie ein gutes Hotel?

**... lǚ-guǎn/bīn-guǎn zài nǎ-li?**
... lü-guan/bin-guan dsai na-li
*... Hotel/Hotel in wo*
Wo ist das ...-Hotel?

有单人房间吗?
**Yǒu dān-rén fáng-jiān ma?**
you dan-shên fang-djiän ma
*haben einzel-Mensch Zimmer FP*
Ist ein Einzelzimmer frei?

我要一间双人房。
**Wǒ yào yì jiān shuāng-rén fáng.**
wo yau yi djiän schuang-shên fang
*ich wollen eins Stück doppel-Mensch Zimmer*
Ich möchte ein Doppelzimmer.

这间房多少钱?
**Zhè jiān fáng duōshao qián?**
dshe djiän fang duoschau tjiän
*dies Stück Zimmer wieviel Geld*
Was kostet das Zimmer?

我要一张床位。
**Wǒ yào yì zhāng chuáng-wèi.**
wo yau yi dshang tschuang-wäi
*ich wollen eins Stück Bett-Zimmer*
Ich möchte ein Bett im Schlafsaal.

*Um preiswerte Hotels zu finden, sind Taxifahrer eine gute Hilfe. In großen Hotels sind auch Schlafsäle eingerichtet, die Ausländern normalerweise nicht angeboten worden. Fragen Sie danach. Zelten ist nur auf dem Land möglich.*

我预订了一个房间。

🗣 **Wǒ yù-dìng-le yi ge fáng-jiān.**

wo yü-dịng-lẻ yi gẻ fang-djiän

*ich vorbestellen eins Stück Zimmer*

Ich habe ein Zimmer reserviert.

还有空房间吗?

🗣 **Hái yǒu kōng fáng-jiān ma?**

~~ch~~ai you kụng fang-djiän ma

*noch haben leer Zimmer FP*

Haben Sie noch Zimmer frei?

| | | |
|---|---|---|
| **bié-de ...** | biä-dẻ | *ein anderes* |
| **dà yī-diǎn-de ...** | dạ yi-diän-dẻ | *ein größeres* |
| **pián-yi yī-diǎn-de ...** | piän-yi yi-diän-dẻ | *ein preiswerteres* |
| **ān-jìng-de ...** | an-djing-dẻ | *ein ruhiges* |
| **dài yù-gāng-de ...** | dai yü-gang-dẻ | *mit Bad* |
| **dài lín-yù-de ...** | dai lịn-yü-dẻ | *mit Dusche* |
| **dài kōng-tiáo-de ...** | dai kung-tịau-dẻ | *mit Klimaanlage* |
| **dài diàn-fēng-shàn-de ...** | dai diän-feng-schạn-dẻ | *mit Ventilator* |

我想住三天。

🗣 **Wǒ xiǎng zhù sān tiān.**

wo chiang dshu ßan tiän

*ich möchten bleiben drei Tag*

Ich möchte drei Tage bleiben.

最便宜的多少钱?

🗣 **Zuì pián-yi de duōshao qián?**

dsui piän-yi dẻ duoschau tjiän

*am-meisten billig P wieviel Geld*

Wie teuer ist das billigste Zimmer?

**Bāo-kuò zǎo-cān duōshǎo qián?** 🔊
bau-kuo dsau-tsan duoschau tjiän
*eingeschlossen Frühstück wie-viel Geld*
Wie viel kostet es inklusive Frühstück?

**Wǒ kě-yǐ kàn-kan zhè jiān fáng ma?** 🔊
wo kě-yi kan-kan dshě djiän fang ma
*ich dürfen sehen-sehen dies Stück Zimmer FP*
Kann ich das Zimmer ansehen?

**Xíng-li néng bu néng sòng-dào fáng-jiān?** 🔊
ching-li nèng bu nèng ßung-dau fang-djiän
*Gepäck können nicht können schicken Zimmer*
Können Sie das Gepäck aufs Zimmer bringen?

**Néng zài gěi wǒ yì tiáo tǎn-zi ma?** 🔊
nèng dsai gäi wo yi tiau tan-dsɨ ma
*können noch geben ich ein Stück Wolldecke FP*
Kann ich noch eine Wolldecke haben?

| | | |
|---|---|---|
| Kopfkissen | **zhěn-tou** | dshěn-tou |
| Bettwäsche | **chuáng-shàng yòng-pǐn** | tschuang-schang yung-pin |
| Moskitonetz | **wén-zhàng** | wěn-dshang |
| Moskitospirale | **wén-xiāng** | wen-chiang |
| Seife | **féi-zào** | fäi-dsau |
| Trinkwasser | **yǐn-yòng-shuǐ** | yin-yung-schui |
| Adapter | **diàn-qì-jiē-tóu** | diän-tji-djiä-tou |
| Fernseher | **diàn-shà-jī** | diän-schɨ-dji |
| Heizung | **nuǎn-qì** | nuan-tji |
| Licht | **dēng** | děng |
| Glühbirne | **dēng-pào** | děng-pau |
| Steckdose | **chā-zuò** | tscha-dsuo |
| Aufzug | **diàn-tí** | diän-ti |

🐾 **Pái-shuǐ-guǎn dǔ-sái-le!**
pai schui-guan du-s<u>a</u>i-lê
*Abfluss verstopft*
Der Abfluss ist verstopft.

🐾 **Cè-suǒ shuǐ-xiāng huài-le!**
tsê-ßuo schui-chiang ~~chu~~ai-lê
*WC Wasserkasten kaputt*
Die Klospülung ist kaputt!

🐾 **Zhè shì wǒ yào xǐ-de yī-fu.**
dshê sch<u>i</u> wo yau chi-dê yi-fu
*dies ist ich wollen waschen-P Kleidung*
Das ist meine Wäsche.

这件要干洗。
🐾 **Zhè jiàn yào gān-xǐ.**
dsh djiän yaui gan-chi
*dies Stück wollen trocken-waschen*
Das muss gereinigt werden.

这些衣服我要洗一洗并且烫一下。
🐾 **Zhè-xiē yī-fu wǒ yào xǐ-yì-xǐ bìng-qiě tàng yí-xià.**
dshê-chi<u>ä</u> yi-fu wo yau chi-yi-chi bing-tjiä tang yi-chia
*dies-einige Kleider ich wollen waschen-eins-waschen
und bügeln eins-mal*
Waschen und bügeln Sie mir dies bitte!

🐾 **Qǐng gěi wǒ ... hào fáng-jiān-de yào-shì!**
tjing gäi wo ... ~~ch~~au fang-djiän-de y<u>au</u>-sch<u>i</u>
*bitten geben ich ... Nummer Zimmer-P Schlüssel*
Bitte geben Sie mir den Schlüssel von Zimmer
Nr. ...!

*Ein Wort zur
Elektrizität
(220 V, 50 Hz).
Manchmal trifft man
auf Dreipolstecker oder
sehr schmale Buchsen.
Dafür benötigt man
Zwischenstecker. Man
kann Adapter für die
amerikanische Norm
benutzen, oder aber
von vorneherein nur
batteriebetriebene
Geräte mitnehmen.*

# Im Hotel

*In den Hotels gibt es Räume zum Aufbewahren des Gepäcks. Das ist sehr praktisch, wenn man für einige Tage einen Abstecher in die nähere Umgebung machen oder vielleicht nur eine Nacht wegbleiben will.*

**Wǒ kě-yǐ bǎ wǒde xíng-li fàng zài zhè-li ma?**
wo kě-yi ba wǒde ching-li fang dsai dshè-li ma
ich dürfen nehmen mein Gepäck Zimmer in hier FP
Darf ich mein Gepäck hierlassen?

**Wǒ zhǐ chū-qù yí yè.**
wo dshɨ tschu-tjü yi yè
ich nur aus-gehen eine Nacht
Ich bin nur eine Nacht weg.

**Cān-tīng zài nǎli?**
tsan-ting dsai nạli
Speisesaal sich befinden wo
Wo ist der Speisesaal?

**Yǒu rén gěi wǒ liú-yán ma?**
you shèn gǎi wo liụ-yạn ma
haben Menschen geben ich Nachricht FP
Ist eine Nachricht für mich da?

**Yǒu bǎo-xiān-xiāng ma?**
you bau-chiän-chiang ma
haben Safe FP
Gibt es einen Safe?

*In Hotels wird in der chinesischen Währung Renminbi (RMB) bezahlt. Fremdwährung in bar und Travellerschecks können in vielen, aber bei weitem nicht bei allen Hotels eingesetzt werden.*

**Wǒ míng-tiān zǒu.**
wo ming-tiạn dsou
ich morgen gehen
Ich reise morgen ab.

**Qǐng bāng wǒ jié-zhàng.**
tjing bang wo djiä-dshang
bitten helfen ich rechnen
Die Rechnung, bitte.

**Néng yòng xìn-yòng-kǎ ma?**
nèng yung chin-yung-ka ma
können benutzen Kreditkarte FP
Akzeptieren Sie Kreditkarten?

# Toilette

**I**n vielen Toiletten haben sich die zuvor miserablen Bedingungen verbessert: In vielen Großstädten gibt es heute zunehmend akzeptable öffentliche Toiletten, in der Altstadt jedoch meist nur altmodische öffentliche Toiletten, wie sie auch auf dem Lande üblich sind.

*Wenn man unterwegs ist, kann man auch irgendein Hotel suchen, um dort die Toilette zu benutzen.*
*Auch viele Kaufhäuser, Einkaufszentren etc. haben Toiletten.*

女厕所

**nǔ cè-suǒ**
nǔ tsè-ßuo
*weibliche Toilette*
Damen

男厕所

**nán cè-suǒ**
nan tsè-ßuo
*männliche Toilette*
Herren

没人

**méi-rén**
mái-shén
*nicht-Mensch*
frei

有人

**yǒu-rén**
you-shén
*haben-Mensch*
besetzt

*Im Restaurant kann man auch mit den Ausdrücken*
xǐ-shǒu-jiān
chi-schou-djiän
*(wörtlich: waschen-Hände-Raum)*
*oder* wei-shēng-jiān
wäi-schéng-djiän
*(wörtlich: Hygiene-Raum)*
*nach der Toilette fragen.*

厕所在哪里?

**Cè-suǒ zài nǎ-li?**
tsè-ßuo dsai na-li
*Toilette sich-befinden wo*
Wo ist die Toilette?

有卫生纸吗?

**Yǒu wèi-shēng-zhǐ ma?**
you wäi-schéng-dshǐ ma
*haben Hygiene-Papier FP*
Gibt es Klopapier?

我得去一趟厕所。

**Wǒ děi qù yí-tàng cè-suǒ.**
wo däi tjü yi-tang tsè-ßuo
*ich müssen gehen eins-mal Toilette*
Ich muss mal auf die Toilette gehen.

## Auf dem Amt

**F**ür Erledigungen auf Ämtern sollten Sie immer viel Zeit mitbringen und stets höflich und gelassen bleiben! Mit Schreien, Drohungen und dergleichen ist nichts zu erreichen. Trinkgelder, Schmiergelder sollten unterbleiben.

Die folgende Antwort sollte man verstehen können; manchmal ist dies ein ablehnender Bescheid, der nur höflich formuliert wurde:

**Kǎolǚ-kǎolǚ.**
k<u>au</u>lü-k<u>au</u>lü
Wir werden mal überlegen.

| | | |
|---|---|---|
| *Pass* | **hù-zhào** | ~~ch~~<u>u</u>-dsh<u>au</u> |
| *Passkontrolle* | **hù-zhào jiǎn-chá** | ~~ch~~<u>u</u>-dsh<u>au</u> djiän-tscha |
| *Gültigkeit verlängern* | **yán-cháng yǒu-xiào-qì** | yän-tsch<u>a</u>ng you-ch<u>ia</u>u-tji |
| *Zollerklärung* | **shēn-bào guān-shuì** | schén-bau gu<u>a</u>n-sch<u>u</u>i |
| *Zollkontrolle* | **hǎi-guān jiǎn-chá** | ~~ch~~ai-gu<u>a</u>n djiän-tscha |
| *Ausreisevisum* | **chū-jìng qiān-zhèng** | tschu-djing tji<u>ä</u>n-dsh<u>é</u>ng |
| *Einreisevisum* | **rù-jìng qiān-zhèng** | shu-djing tji<u>ä</u>n-dsh<u>é</u>ng |
| *Konsulat* | **lǐng-shì-guǎn** | ling-schi-gu<u>a</u>n |
| *Botschaft* | **dà-shǐ-guǎn** | da-sch<u>i</u>-gu<u>a</u>n |
| *Ausländerabteilung* | **wài-shì-chù** | wai-sch<u>i</u>-tsch<u>u</u> |

公安局在哪里？
**Gōng-ān-jú zài nǎ-li?**
gung-an-djü dsai na-li
*öffentlich-Frieden-Amt sich-befinden wo*
Wo ist die Polizeibehörde?

我要填这张表吗?

🔊 **Wǒ yào tián zhè zhāng biǎo ma?**

wo yau tiän dshė dshang biau ma

*ich müssen ausfüllen dies Stück Formular FP*

Muss ich dieses Formular ausfüllen?


我来这里度假。

🔊 **Wǒ lái zhè-li dù jià.**

wo lai dshė-li du djia

*ich herkommen hier verbringen Urlaub*

Ich bin hier in Urlaub.


我要延长我的签证。

🔊 **Wǒ yào yán-cháng wǒde qiān-zhèng.**

wo yau yan-tschang wodė tjiän-dshėng

*ich wollen verlängern mein Visum*

Ich möchte mein Visum verlängern.


**dào liǎng xīngqī**

dau liang chingtji

*für zwei Wochen*

für zwei Wochen


**... dào yǐ-xià dì-fāng qù de lǚ-yóu zhèng: ...**

dau yi-chia di-fang tjü d lü-you dshėng

*gehen folgende Ort hingehen P Tourismus
Bescheinigung*

... für die folgenden Orte: ...


🔊 **Wǒde hù-zhào diū-le.**

wodė ~~chu~~-dshau diu-lė

*mein Pass verlieren(-Verg.)*

Ich habe meinen Pass verloren.

## Bank, Post & Telefon

Foto: © Ashwin, fotolia.com

**D**ie chinesische Währung, der rén-mín-bì (Volksgeld), hat drei Einheiten: Yuán yüän, Jião djiau und Fen fēn. Ein Yuán hat 10 Jião oder 100 Fen. 1 Jião hat 10 Fen. In der Umgangssprache sagt man Kuài anstelle von Yuán und Máo anstelle von Jião.

*In der gesprochenen Sprache werden die Bezeichnungen máo oder fen und der Zusatz qián (Geld) meistens weggelassen.*

| | |
|---|---|
| **yī kuài (qián)** | = 1 Yuan |
| **yī máo (qián)** | = 1 Jiao |
| **yī kuài wǔ (máo)** | = 1,50 Yuan |
| **sān kuài sān máo jiǔ** | = 3,39 Yuan |
| **wǔ fen** | = 0,05 Yuan |
| **èr-shí-wǔ kuài ba máo** | = 25,80 Yuan |
| **wǔ máo** | = 0,5 Yuan |

### Bank

*Mit Kreditkarten kann man bei Filialen z. B. der Citic Bank Bargeld bekommen oder auch bei Zentralstellen der Bank of China. Telegrafische Geldüberweisungen aus dem Ausland sind ebenfalls möglich auf eine Filiale der Bank of China.*

Größere Hotels haben eigene Schalter der Bank of China. Geld tauschen können dort allerdings häufig nur die eigenen Hotelgäste.

**Yín-háng zài nǎ-li?**
yin-chang dsai na-li
*Bank sich-befinden wo*
Wo ist die Bank?

**Wǒ yǒu lü-xíng zhī-piào.**
wo you lü-ching dshi-piau
*ich haben Reise Scheck*
Ich habe Reiseschecks.

**Wǒ zài nǎ-li kě-yǐ huàn qián?**
wo dsai na-li kě-yi chuan tjiän
*ich in wo können wechseln Geld*
Wo kann ich Geld umtauschen?

| duì-huàn-chù | döi-chuan-tschu | *Wechselstube* |
| zhī-chū | dshi-tschu | *auszahlen* |
| huò-bì | chuo-bi | *Währung* |
| huì-lǜ | dui-chuan-lü | *Wechselkurs* |
| ōu-yuán | ou-yüän | *Euro* |
| ruìshì fǎ-láng | shuischi fa-lang | *Schweizer Franken* |
| gǎng-bǐ | gang-bi | *Hongkong-Dollar* |
| měi-yuán | mäi-yüän | *US-Dollar* |
| líng-qián | ling-tjiän | *Kleingeld* |
| xiàn-jīnde | chiän-djindé | *bar* |
| xìn-yòng-kǎ(-hào-ma) | chin-yung-ka(-chau-ma) | *Kreditkarte(nnummer)* |
| hùi-kuǎn | chui-kuan | *Banküberweisung* |
| hù-tóu | chu-tou | *Bankkonto* |
| fēi-yòng | fäi-yung | *Gebühr* |
| shōu-jù | schou-djü | *Quittung* |

## Post

Briefe und Postkarten können auf der Post und in vielen Hotels an der Rezeption aufgegeben werden. Auslandspakete müssen meist vom Zentralen Postamt abgeschickt werden.

**Yóu-jú zài nǎ-li?**
you-djü dsai na-li
*Postamt sich-befinden wo*
Wo ist das Postamt?

**Zhè fēng xìn jì ...**
dshè fēng chin dji
*dies Stück Brief schicken*
Diesen Brief per ...

| háng-kōng | chang-kung | Luftpost |
| lù-lù | lu-lu | Landweg |
| hǎi-yùn | chai-yün | Seeweg |
| tè-kuài | tè-kuai | Express |
| guà-hào | gua-chau | Einschreiben |

| | | |
|---|---|---|
| Zentrales Postamt | **yóu-zhèng zǒng-jú** | you-dshèng dsung-djü |
| Briefmarke | **yóu-piào** | you-piau |
| Briefumschlag | **xìn-fēng** | chin-fèng |
| Zollerklärung | **shēn-bào guān-shuì** | schèn-bau guan-schui |
| Paketklebeband | **yóu-bāo jiāo-dai** | you-bau djiau-dai |
| Absender | **fā-xìn-rén** | fa-chin-shèn |
| Adresse | **dì-zhǐ** | di-dshi |
| Wertpaket | **bǎo-jià yóu-bāo** | bau-djia you-bau |

这封信 / 张明信片寄。。。

**Zhè fēng xìn / zhāng míng-xìn-piàn jì ...**

dshè-fèng-chin / dshang ming-chin-piän dji

*dies Blatt Brief / Blatt Postkarte schicken*

Diese(r) Brief / Postkarte geht nach ...

这个小 / 包裹寄。。。

**Zhè-ge xiǎo-bāo / bāo-guǒ jì ...**

dshè-gè chiau-bau / bau-guo dji

*dies-Stück Päckchen / Paket schicken*

Dieses Päckchen / Paket geht nach ...

| | | | |
|---|---|---|---|
| 德国 | **Déguó** | dèguo | Deutschland |
| 奥地利 | **Àodìlì** | audili | Österreich |
| 瑞士 | **Ruìshì** | Shuischi | Schweiz |
| 荷兰 | **Hélán** | chélan | Niederlande |
| 比利时 | **Bǐlìshí** | bilishi | Belgien |
| 卢森堡 | **Lúsēnbǎo** | lusènbau | Luxemburg |

要多少钱?

**Yào duōshao qián?**

yau duoschau tjiän

*wollen wie-viel Geld*

Was kostet es?

# Bank, Post & Telefon

请给我一张电报单！
**Qǐng gěi wǒ yì zhāng diàn-bào-dan!**
tjing gǎi wo yi dshang diǎn-bau-dan
*bitten geben ich ein Stück elektrisch-tragen-Papier*
Ein Telegrammformular, bitte!

我想往。。。发一个传真。
**Wǒ xiǎng wǎng ... fā yí ge chuán-zhēn.**
wo chiang wang ... fa yi gě tschuan-dshèn
*ich möchten nach ... schicken eins Stück Fax*
Ich möchte ein Fax nach ... schicken.

*Telegramme ins
Ausland können auf
Postämtern oder in
großen Hotels
aufgegeben werden.
Sie sind
verhältnismäßig teuer.*

## Telefon

In größeren Städten gibt es überall Telefonier-
läden, aber auch schon Telefonzellen, die
meist mit Telefonkarten funktionieren. Von
vielen Hotels aus kann man problemlos ins
Ausland telefonieren.

一个到。。。的长途电话。
**Yí ge dào ... de cháng-tú diàn-huà.**
yi gě dau ... dě tschang-tu diǎn-chua
*ein Stück gehen ... P große-Entfernung Telefon*
Ein Ferngespräch nach ...

| | | |
|---|---|---|
| **diàn-huà-kǎ** | diǎn-chua-ka | *Telefonkarte* |
| **diàn-huà-fèi** | diǎn-chua-fäi | *Telefongebühr* |
| **guó-jī zhí-bò diàn-huà** | guo-dji dshi-bo diǎn-chua | *IDD-Call* |
| **shǒu-jī diàn-huà** | schou-dji diǎn-chua | *Mobiltelefon* |
| **diàn-huà hào-mǎ** | diǎn-chua chau-ma | *Telefonnummer* |
| **zhàn-xiàn** | dshan-chiǎn | *besetzt* |
| **dǎ bù-tōng** | da bu-tung | *nicht durchkommen* |

# Bank, Post & Telefon

*Die IP Card ist eine Telefonkarte, die das Telefonieren zu Hause billiger macht.*

*Die IC Card ist für Telefonzellen bestimmt und damit kann man auch ins Ausland telefonieren.*

我要打电话!

**Wǒ yào dǎ diàn-huà!**

wo yau da diän-chua!

*ich wollen rufen Telefon*

Ich möchte telefonieren!

往德国打电话要多少钱?

**Wǎng dé-guó dǎ diàn-huà yào duōshao qián?**

wang dë-guo da diän-chua duoschau tjiän

*nach Deutschland rufen Telefon wollen wie-viel Geld*

Was kostet ein Telefonat nach Deutschland?

*Bei Nennung einer Telefonnummer werden die einzelnen Ziffern nacheinander gelesen.*

**Qǐng-wèn ... nǚ-shì/xiān-sheng zài ma?**

tjing-wèn ... nü-schï/chiän-schéng dsai ma

*bitten-fragen ... Frau/Herr sich-befinden FP*

Bitte ist Frau/Herr ... da?

*Chinesen melden sich am Telefon mit:*
*wéi wäi „Hallo!".*

**Nǐ shì nǎ-li?**

ni schï na-li

*du sein wo*

Wer ist denn dort?

**Wǒ xìng ...**

wo ching

*ich Familienname*

Mein Name ist ...

**Qǐng zài shuō yí-biàn!**

tjing dsai schuo yi-biän

*bitten wieder sprechen eins-Mal*

Bitte wiederholen Sie!

**Qǐng ràng ... nǚ-shì/xiān-sheng gěi wǒ dǎ diàn-huà?**

tjing shang ... nü-schï/chiän-schéng gäi wo da diän-chua

*bitten lassen ... Frau/Herr geben ich rufen Telefon*

Kann Frau/Herr ... mich mal anrufen?

**Wǒ yǐ-hòu zài dǎ diàn-huà gěi tā.**
wo yi-~~chou~~ dsai da diän-~~chua~~ gäi ta
*ich später wieder rufen Telefon geben sie/er*
Ich rufe sie/ihn später noch einmal an.

*Mobiltelefone sind auch in China auf dem Vormarsch.*
*Fragen Sie bei Ihrem Vertragspartner nach, ob Sie Ihres auch in China einsetzen können.*

## Internet

Im Hotel können Sie meist im Business-Center – **shàng-wu zhōng-xīn** schang-wu dshung-chin ins Internet, aber dort ist es recht teuer!

*In den Großstädten, vielen kleineren Städten und touristischen Zentren gibt es Internetcafés, die allerdings offiziell verboten sind.*

| | | |
|---|---|---|
| **yīn-tè-wǎng** | yin-tè-wang | Internet |
| **diàn-nǎo** | diàn-nau | Computer |
| **diàn-zǐ yóu-jiān** | diän-dsɨ you-djiän | E-Mail |
| **wǎng-bā** | wang-ba | Internet-Cafe |

我要上网去。可以吗?
**Wǒ yào shàng-wǎng qù. Kě-yǐ ma?**
wo yau schang-wang tjü kě-yi ma
*ich wollen eintreten-Netz gehen können FP*
Ich will ins Internet gehen. Geht das hier?

Foto: © piccaya, fotolia.com

# Krank sein

**I**n den Großstädten und Touristenzentren gibt es gut ausgebildete Ärzte, die den Umgang mit Ausländern – auch auf Englisch – gewohnt sind. Daneben gibt es medizinische Einrichtungen für Ausländer, wie z. B. die private Deutsch-Chinesische Poliklinik in Beijing (teuer!). Aber Vorsicht: Die Hygiene lässt immer wieder zu wünschen übrig. In den letzten Jahren hat es vereinzelt Probleme mit Blutkonserven (u. a. wegen AIDS) gegeben. Im Notfall also besser ausfliegen lassen!

*Es gibt Krankenhäuser für westliche (xī-yī-yuàn) und für traditionelle chinesische Medizin (zhōng-yī-yuàn). Eine Behandlung nach traditioneller chinesischer Medizin muss man eigens verlangen, wenn man z. B. Akupunktur (zhēn-jiǔ) oder Qì-Gōng wünscht.*

我要看医生。

**Wǒ yào kàn yī-shēng.**
wo yau kan yi-schēng
*ich wollen sehen Arzt*
Ich brauche einen Arzt.

我怀孕了。

**Wǒ huái-yùn-le.**
wo chuai-yün-lè
*ich schwanger(-Verg.)*
Ich bin schwanger.

有中药吗?

**Yǒu zhōng-yào ma?**
you dshung-yau ma
*haben chinesisch-Medizin FP*
Gibt es ein traditionelles Heilmittel?

请您把我送到医院。

**Qǐng nín bǎ wǒ sòng dào yī-yuàn.**
tjing nin ba wo ßung dau yi-yüän
*bitten Sie nehmen ich bringen ankommen Krankenhaus*
Bitte bringen Sie mich ins Krankenhaus.

我是糖尿病患者。

🎵 **Wǒ shì táng-niào-bìng huàn-zhě.**

wo schi tang-niau-bing ~~chu~~an-dshè

*ich bin Diabetes- Kranker*

Ich bin Diabetiker.

---

你哪里不舒服？　　　　我这里痛。

🎵 **Nǐ nǎ-li bù shū-fu?**　　**Wǒ (zhè-li) tòng.**

ni na-li bu schu-fu　　　wo (dshè-li) tung

*du wo nicht bequem*　　*ich (hier) Schmerzen*

Was haben Sie?　　　Mir tut (es hier) weh.

---

Für die Organe, auf die man nicht zeigen kann, hier eine kleine Liste zum Einsetzen:

| | | |
|---|---|---|
| **dù-zi** | du-dsɨ | Bauch |
| **páng-guāng** | pang-guang | (Harn-)Blase |
| **xiōng** | schiung | Brust |
| **cháng-zi** | tschang-dsɨ | Darm |
| **guān-jié** | guan-djiä | Gelenk |
| **xìng-qì-guān** | ching-tji-guan | Genitalien |
| **xīn-zàng** | chin-dsang | Herz |
| **hé** | ~~chè~~ | Kiefer |
| **gú-tou** | gu-tou | Knochen |
| **shēn-tǐ** | schén-ti | Körper |
| **gān-zàng** | gan-dsang | Leber |
| **fèi** | fäi | Lunge |
| **wèi** | wäi | Magen |
| **jī-ròu** | dji-rou | Muskel |
| **bí-dòu** | bi-dou | Nebenhöhle |
| **shèn-zàng** | schén-dsang | Niere |
| **yá-chǐ** | ya-tjɨ | Zahn |
| **shé-tou** | schè-tou | Zunge |

## Krank sein

*In den Großstädten und einigen Provinzen, z. B. Yunnan, nimmt der Drogenkonsum zu. Dieser ist aber strengstens verboten und – Ausländer oder nicht – die Gefängnisstrafen sind sehr hart!*

我病了。
**Wǒ bìng-le.**
wo bing-lê
*ich krank-(-Verg.)*
Ich bin krank.

我发烧了。
**Wǒ fā-shāo-le.**
wo fa-schau-lê
*ich entstehen-Fieber(-Verg.)*
Ich habe Fieber.

我恶心。
**Wǒ ě-xīn.**
wo ê-chin
*ich übel*
Mir ist schlecht.

我感冒了。
**Wǒ gǎn-mào-le.**
wo gan-mau-lê
*ich Erkältung(-Verg.)*
Ich habe mich erkältet.

我吐了。
**Wǒ tù-le.**
wo tu-lê
*ich erbrechen(-Verg.)*
Ich habe mich übergeben.

我。。。
**Wǒ ...**
wo
*ich*
Ich habe ...

| | | | |
|---|---|---|---|
| 过敏 | **guò-mǐn** | guo-min | Allergie |
| 呼吸困难 | **hū-xī kùn-nan** | hu-chi kun-nan | Atembeschwerd. |
| 肚胀 | **dù-zhàng** | du-dshang | Blähungen |
| 泻肚 | **xiè-dù** | chiä-du | Durchfall |
| 发炎 | **fā-yán** | fa-yän | Entzündung |
| 嗓子疼 | **sǎng-zi tòng** | ßang-dsi-tung | Halsschmerzen |
| 咳嗽 | **ké-sou** | kê-ßou | Husten |
| 骨折 | **gǔ-zhé** | gu-dshê | Knochenbruch |
| 头痛 | **tóu-tòng** | tou-tung | Kopfschmerzen |
| 背痛 | **bèi-tòng** | bäi-tung | Rückenschmerz. |
| 头晕 | **tóu-yūn** | tou-yün | Schwindel |
| 鼻窦炎 | **bí-dòu-yán** | bi-dou-yän | Sinusitis |
| 烫伤 | **tàng-shāng** | tang-schang | Verbrennung |
| 中毒 | **zhòng-dú** | dshung-du | Vergiftung |
| 便秘 | **biàn-bì** | biän-bi | Verstopfung |

**Dé-le ...**
dé-lê
*bekommen(-Verg.)*
Ich habe ...

| | | | |
|---|---|---|---|
| **qì-chuǎn** | tji-tschuan | Asthma | 气喘 |
| **gāo-xuè-yā** | gau-chüä-ya | Bluthochdruck | 高血压 |
| **dī-xuè-yā** | di-chüä-ya | Blutdruck (tief) | 低血压 |
| **huò-luàn** | chuo-luan | Cholera | 霍乱 |
| **táng-niào-bìng** | tang-niau-bing | Diabetes | 糖尿病 |
| **bái-hóu** | bai-chou | Diphterie | 白喉 |
| **huáng-dǎn** | chuang-dan | Gelbsucht | 黄胆 |
| **xīn-jī gěng-sè** | chin-dji gěng-ßè | Herzinfarkt | 心肌梗塞 |
| **jiǎo-tòng** | dshiau-tung | Kolik | 绞痛 |
| **jìng-luán** | djing-luan | Krampf | 痉挛 |

我给破伤风接种了。
🔊 **Wǒ gěi pò-shāng-fēng jiě-zhòng-le.**
wo gäi po-schang-fêng djiä-dshung-lê
*ich geben Tetanus impfen-(Verg.)*
Ich bin gegen Tetanus geimpft.

我要一次性使用注射器。
🔊 **Wǒ yào yi-cì xìng-shī-yòng zhù-shè-qì!**
wo yau yi-tsɨ ching-schɨ-yung dshu-schè-tji
*ich wollen eins-mal benutzen Spritze*
Verwenden Sie bitte eine Einwegspritze!

| | | |
|---|---|---|
| **xuè-xíng** | chüä-ching | Blutgruppe |
| **xuè-xiàng** | chüä-chiang | Blutbild |
| **dǎ-zhēn** | da-dshèn | Injektion |
| **niào-jiǎn-chá** | niau-djiän-tscha | Urinprobe |
| **shǒu-shù** | schou-schu | Operation |

我需要一张诊断书和。。。
**Wǒ xū-yào yì zhāng zhěn-duàn-shū hé ...**
wo chü-yau yi dshang dshén-duan-schu ~~ehe~~
*und ich brauchen ein Stück Diagnose*
Ich brauche eine ausführliche Diagnose und ...

。。。一张发票给我的保险公司。
**... yì zhāng fā piào gěi wǒde bǎo-xiǎn-gōng-sī.**
yi dshang fa piau gäi wodė bau-chiän-gungsi
*ein Stück Quittung für meine Krankenversicherung*
... eine Quittung für die Krankenversicherung.

## beim Zahnarzt

哪里有牙科大夫?
**Nǎ-li yǒu yá-kē dài-fu?**
na-li you ya-kė dai-fu
*wo haben Zahn-Fach Arzt*
Wo gibt es hier einen Zahnarzt?

请给我打麻药。
**Qǐng gěi wǒ dǎ má-yào.**
tjing gäi wo da ma-yau
*bitte geben ich spritzen Betäubung*
Bitte geben Sie mir eine Betäubung.

## in der Apotheke

In der Apotheke gibt es meist zwei Abteilungen, eine für westliche und eine für traditionelle chinesische Medizin. In Letzterer ist oft ein Arzt, der dort Pulsdiagnose betreibt und Medikamente verordnet.

最近的药店在哪里?

❂ **Zuì jìn de yào-diàn zài nǎ-li?**

dsui djin dě yau-diän dsai na-li

*meist nah P Apotheke sich-befinden wo*

Wo ist die nächste Apotheke?

我需要(一包)。。。

❂ **Wǒ xū-yào (yi-bao) ...**

wo chü-yau (yi-bau)

*ich wollen (ein-Paket)*

Ich brauche (ein Päckchen) ...

*Gegen Erkältung, Durchfall, Verstopfung gibt es in China ausgezeichnete traditionelle Kräuter-Heilmittel.*

| | | | |
|---|---|---|---|
| **xiè-yào** | chiä-yau | Abführmittel | 泻药 |
| **kàng-jūn-sù** | kang-djün-ßu | Antibiotikum | 抗菌素 |
| **ā-sī-pī-lín** | a-ß-pi-lin | Aspirin | 阿斯匹林 |
| **zhōng-yào** | dshung-yau | chinesische Medizin | 中药 |
| **yuè-jīng-dài** | yüä-djing-dai | Damenbinden | 月经带 |
| **xiāo-dú-jì** | chiau-du-dji | Desinfektionsmittel | 消毒剂 |
| **guàn-cháng** | guan-tschang | Einlauf | 灌肠 |
| **tǐ-wēn-biǎo** | ti-wen-biau | Fieberthermometer | 体温表 |
| **xiàng-pí-gāo** | chiang-pi-gau | Heftpflaster | 橡皮膏 |
| **zhǐ-ké táng-jiāng** | dshi-ké tang-djiang | Hustensaft | 止咳糖浆 |
| **bì-yùn-tào** | bi-yün-tau | Kondom | 避孕套 |
| **yóu-gāo** | you-gau | Salbe | 油膏 |
| **zhèn-tòng-jì** | dshén-tung-dji | Schmerztabletten | 镇痛剂 |
| **yào-piàn** | yau-piän | Tablette | 药片 |
| **yào-shuǐ** | yau-schui | Tropfen | 药水 |
| **fán-shì-lín** | fan-sch-lin | Vaseline | 凡士林 |
| **jí-jiù yào-bāo** | dji-djiu yau-bau | Verbandszeug | 急救药包 |
| **mián-huā** | miä-chua | Watte | 棉花 |
| **xiāo-yán-gāo** | chiau-yän-gau | Wundsalbe | 消炎膏 |
| **shuān-jì** | schuan-dji | Zäpfchen | 拴剂 |

## Dringende Hilferufe

**W**enn Sie in Not geraten, hier die wichtigsten Hilferufe in Wort und Schrift:

我受伤了。

**Wǒ shòu shāng-le.**
wo schou schang-lĕ
Ich bin verletzt.

我遇上事故了。

**Wǒ yù-shàng shì-gù-le.**
wo yü-schang schĭ-gu-lĕ
Ich hatte einen Unfall.

*Die Kriminalität in der VR China nimmt zu. Somit ist Vorsicht geboten in U-Bahnen, auf öffentlichen Plätzen, kurz überall, wo Gedränge herrscht!*

请叫一辆救护车/医生/警察!

**Qǐng jiào yí liàng jiù-hù-chē / yī-shēng / jǐng-chá!**
tjing djau yi liang djiu-chu-tshĕ / yi-schĕng / djing-tscha
Bitte rufen Sie einen Krankenwagen / einen Arzt / die Polizei.

我被蛇咬了。

**Wǒ bēi shé yǎo-le.**
wo bäi schĕ yau lĕ
Ich wurde von einer Schlange gebissen.

请帮我一下。

**Qǐng bāng wǒ yí-xia.**
tjing bang wo yi-chia
Helfen Sie mir bitte.

请送我去医院/警察分局。

**Qǐng sòng wǒ qù yī-yuàn / jǐng-chá fēn-jú.**
tjing sung wo tjü yi-yüän / djing-tscha fén-djü
Bitte bringen Sie mich ins Krankenhaus / zur Polizeistation.

去医院/饭店怎么走?

🕪 **Qù yī-yuàn / fàn-diàn zěnme zǒu?**

tjü yi-yüän / fan-diän dsénmė dsou

Wie komme ich ins Krankenhaus /
zum Hotel?

有小偷!

🕪 **Yǒu xiǎo-tōu!**

you chiau-tou

*haben Dieb*

Da ist ein Dieb!

我的钱包/手表被偷了。

🕪 **Wǒde qián-bāo/shǒu-biǎo bèi tōu-le!**

wodė tjiän-bau/schou-biau bäi tou-lė

*meine Geldbörse/Uhr werden klauen-(Verg.)*

Meine Geldbörse/Uhr wurde geklaut!

Foto: © fotomaximini, fotolia.com

## Literaturhinweise

*Diese Bücher und Schriften sind nicht über den Reise Know-How Verlag erhältlich. Bitte wenden Sie sich an Ihre Buchhandlung!*

**W**er jetzt weitergehend Chinesisch oder Näheres über China lernen möchte, dem seien folgende Bücher empfohlen:

**Handwörterbuch Deutsch–Chinesisch/Chinesisch–Deutsch,** The Commercial Press Peking & Langenscheidt München, 2001 – *mit Pinyin und Schriftzeichen*

**Zhao Tang Shou: Handwörterbuch der Gegenwartssprache, Deutsch-Chinesisch, Chinesisch-Deutsch,** Peking University Press 1992, ISBN 3-925067-22-1 – *komplett mit chinesischen Schriftzeichen und Hanyu Pinyin*

**Chinesisch-Deutsches Lernwörterbuch,** Andreas Guder-Manitius, Verlag Ute Schiller 1991, ISBN 3-925067-12-4 – *die häufigsten Schriftzeichen und wichtigsten Wörter mit denen man etwa 95% eines Textes lesen kann!*

**Chinesisch effizient, Der Weg zur chinesischen Sprache in vier Bänden,** Marie-Luise Beppler-Lie und Wu Jianhong, IKO-Verlag für Interkulturelle Kommunikation, Frankfurt 1999 – *dazu gibt es auch CDs*

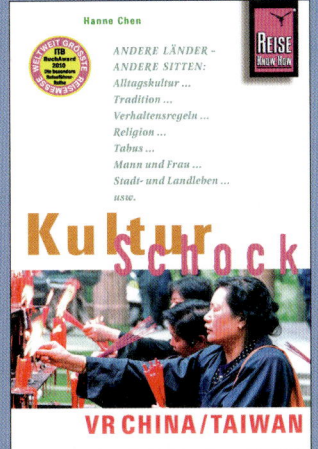

## Wörterliste Deutsch – Chinesisch

Foto: © Tan Kian Khoon, fotolia.com

**A**

**Abendessen** wǎn-fàn; wǎn-cān
**abends** wǎn-shang
**aber** kě-shì; dàn-shì
**abfahren** kāi-chē
**Abfahrt** kāi-chē
**Abflug** qǐ-fēi
**abreisen** dòng-shēn chū-fā
**Absender** fā-xìn-rén
**Abteil (vom Zug)** chē-xiāng
**Adapter** diàn-qì-jiē-tóu
**Adresse** dì-zhǐ
**AIDS** ài-zī-bìng
**Akupunktur** zhēn-jiǔ
**alle** suǒ-yǒude
**allein** dān-dúde
**allergisch** guò-mǐn
**allmählich** zhú-jiànde
**alt (nicht jung)** lǎo
**alt (nicht neu)** jiù
**Altstadt** jiù-chéng
**Ananas** bō-luó
**Andenken** jì-niàn
**andere** biéde; lìng-wài
**angenehm** shū-shìde
**Angestellter** zhí-yuán
**Angst** hài-pà
**ankommen** dào-dá
**Ankunft** dào-dá
**anstrengen, sich** nǔ-lì
**Antibabypille** bì-yùn-yào
**Antiquität** gǔ-dǒng; gǔ-wán
**Antwort** huí-dá
**antworten** huí-dá
**Apfel** píng-guǒ

**Apotheke** yào-diàn
**Appetit** wèi-kǒu
**Aprikose** xìng
**Arbeit (allg.)** gōng-zuò
**Arbeit (körperl.)** láo-dòng
**arbeiten (allg.)** gōng-zuò
**arbeiten (körperl.)** láo-dòng
**Arbeiter** gōng-rén
**arm** qióng
**Arm** shǒu-bì
**Armee** jūn-duì
**arrangieren** ān-pái
**Arzt/Ärztin** yī-shēng; dài-fu
**Aschenbecher** yān-huī-gāng
**auch** yě; hai
**auf (oben)** shàng
**Aufenthalt** dòu-líu
**Aufführung** yǎn-chū
**aufhören** tíng-zhǐ
**Aufzug** diàn-tī
**Auge** yǎn-jing
**Ausflugsprogramm** yóu-lǎn-jié-mù
**Ausgang** chū-kǒu
**ausgezeichnet** jí-hǎode
**Auskunft (Stelle)** wèn-xùn-chù
**Ausland** wài-guó
**Ausländer** wài-guó-rén
**Ausländerabteilung** wài-shì-chù
**Ausreise** chū-jìng
**ausruhen** xiū-xi
**außen (draußen)** zài wài-mian

**D**ie Wörterlisten enthalten jeweils ca. 1000 Einträge, mit denen Sie schon eine Menge anfangen können. In der chinesisch-deutschen Liste ist alles nach dem deutschen Alphabet geordnet, damit Sie sich schnell zurechtfinden.

**Aussprache** fā-yīn
**aussteigen** xià chē
**Auto (Wagen allg.)** qì-chē
**Auto fahren (selbst)**
  kāi-chē

## B

**baden** xǐ-zǎo
**Badezimmer** xǐ-zǎo-jiān
**Bahnhof** huǒ-chē-zhàn
**Bahnsteig** zhàn-tái
**bald** bù-jiǔ; hěn kuài
**Bambus** zhú-zi
**Banane** xiāng-jiāo
**Bank** yín-háng
**Bar** jiǔ-bā
**Bargeld** xiàn-jīn
**Batterie** diàn-chí
**Bauch** dù-zi
**Bauer** nóng-mín
**Baum** shù
**Beamte(r)** jī-guān zhí-yuán
**beantragen** shēn-qǐng
**Bedeutung** yì-sī; yì-yì
**Bedienung** fú-wù
**beeilen, sich** gǎn-jǐn
**beenden** jié-shù
**Beginn** kāi-shǐ
**beginnen** kāi-shǐ
**beide (zwei)** liǎng
**Bein** tuǐ
**bekommen** dé-dào
**benachrichtigen** tōng-zhī;
  gào-zhī
**benötigen** xū-yào
**bequem** shū-fu
**Berg** shān
**Beruf** zhí-yè
**berühmt** zhū-míngde

**Beschwerde** yì-jian
**besetzt (Telefon)** zhàn-xiàn
**Besichtigung** cān-guān
**besonders** tè-biéde
**besser** gèng hǎode
**Besteck** cān-jù
**Bett** chuáng
**Bettwäsche**
  chuáng-shang yòng-pǐn
**bezahlen** fù-qián
**Bier** pí-jiǔ
**billig** pián-yi(de)
**Birne** lí
**bitte** qǐng
**bitten** qǐng
**Blase (Organ)** páng-guān
**Blinddarmentzündung**
  máng-cháng-yán
**Blutvergiftung**
  xuě-zhòng-dú
**Botschaft (dipl.)**
  dà-shǐ-guǎn
**breit** kuān
**Brief** xìn
**Briefmarke** yóu-piào
**Brot** miàn-bāo
**Brust** xiōng
**Buch** shū
**Buddhismus** fó-jiào
**Buffet** zì-zhù-cān
**Bürste** shuā-zi
**Bus** gōng-gòng qì-chē
**Busbahnhof**
  qì-chē-zǒng-zhàn
**Bushaltestelle**
  gōng-gòng qì-chē-zhàn
**Butter** huáng-yóu

## C

**Check-in** dēng-yì
**Check-out** lí-diàn
**Check-out-Zeit**
  tuí-fáng-shí-jiān
**chinesisch** zhōng
**Chinesisch (Sprache)**
  zhōng-wén
**Computer** jì-suàn-jī;
  diàn-nǎo

## D

**danach** hòu-lái; rán-hòu
**dankbar** gǎn-xiède
**danke** xiè-xie
**dann** rán-hòu
**Darm** cháng-zi
**Dattel** zǎo-zi
**Datum** rì-qī
**Decke (Bett)** tǎn-zi
**Deutsch (Sprache)** dé-yǔ
**Devisen** wài-huì
**Devisenumtausch**
  wài-bì duì-huàn-chù
**Diät** guī-dìng yǐn-shí
**dick (Menschen)** pàng
**dick (Sachen)** hòu
**Dieb** xiǎo-tōu
**diese(r, -s)** zhè-ge
**Ding** dōng-xi
**doppelt** shuāng
**Doppelzimmer**
  shuāng-rén fáng-jiān
**Dorf** cūn-zhuāng
**dort** nà-li
**Dose** guàn-tou
**Dosenöffner**
  guàn-tou-qī-zi

**Drachenauge (Frucht)**
lóng-yǎn
**Droge** dú-pǐn
**drogensüchtig** dú-yǐn
**dunkel** àn
**dumm** bèn
**dünn (mager)** shòu
**dünn (Sachen)** báo; bó
**dünn (-flüssig)** xī
**Durchfall** xiè-dù
**Durst haben** kǒu kě
**Dusche** lín-yù
**Dynastie** cháo-dài

### E

**echt** zhēn-zhèngde
**Ehefrau** qī-zi
**Ehemann** zhàng-fu
**Ehepaar** fū-qī
**Ei** jī-dàn
**einander** hù-xiāng
**einfach** jiǎn-dān(de)
**Eingang** rù-kǒu
**einkaufen** mǎi dōng-xi
**einladen** yāo-qǐng
**einloggen** shàng-wǎng
**einmal** yí-cì
**Einreise** rù-jìng
**einsteigen** shàng chē
**Eintrittskarte**
rù-chǎng-quàn
**Einzelzimmer**
dān-rén fáng-jiān
**Eisenbahn** huǒ-chē
**Eiskrem** bīng-qí-lín
**elektrisch** diàn-qìde
**Eltern** fù-mǔ
**E-Mail** diàn-zǐ yóu-jiàn
**Empfänger** shōu-jiàn-rén

**Ende** jié-shù
**Endhaltestelle** zǒng-zhàn
**Englisch (Sprache)** yīng-yǔ
**entscheiden** jué-dìng
**Entschuldigung!** duì-bu-qǐ!
**entweder ... oder**
huò ... huò
**entwickeln (Film)**
chōng(-xǐ)
**Erdbeben** dì-zhèn
**Erdbeere** cǎo-méi
**Erdnuss** huā-shēng
**erkälten, sich** gǎn-mào
**Erkältung** gǎn-mào
**erklären** shuō-míng; jiě-shì
**erlauben (bewilligen)**
yǔn-xǔ
**erlauben (einverstanden)**
tóng-yì
**Ermäßigung** yōu-huì
**erneuern (verlängern)**
yán-cháng
**erstens** shǒu-xiān; dì-yī
**erstmals** shǒu-cì; dì-yī-cì
**Erwachsener**
chéng-nián-rén
**erzählen** gào-su
**essen** chī-fàn
**Essen** fàn-cài
**Essen (chines.)** zhōng-cān
**Essen (westl.)** xī-cān
**Essstäbchen** kuài-zi
**etwa (beispielsweise)** bǐ-rú
**etwa (ungefähr)** dà-yuē
**etwa (vielleicht)** yě-xǔ
**etwas** yì-xie; yì-diǎn
**Expresszug** tè-bié kuài-chē
**extrem** jí-duānde; jí-dùde

### F

**Fabrik** gōng-chǎng
**Fächer** shàn-zi
**fahren** chéng chē
**Fahrkarte** chē-piào
**Fahrplan**
xíng-shǐ shí-jiān-biǎo
**Fahrpreis** piaò-jià
**Fahrrad** zì-xíng-chē
**Fahrrad fahren**
qí zì-xíng-chē
**Fahrstuhl** diàn-tī
**falls** rù-guǒ; jiǎ-rú
**falsch (schlecht)** cuò
**falsch (trügerisch)**
xū-wěide
**falsch (unecht, künstlich)**
jiǎ
**Familie** jiā-tíng
**Familienname** xìng
**Farbe** yán-sè
**fast (beinahe)** jī-hū
**fast (ungefähr)**
chà-bu-duō
**Feld** tián-dì
**Fenster** chuāng-hu
**Ferien (Urlaub)** jià-qī
**Ferien verbringen** dù-jià
**Ferngespräch**
cháng-tú diàn-huà
**Fernseher** diàn-shì-jī
**fertig** wán
**Fieber** fā-shāo
**Film (Foto)** jiāo-juǎn
**Film (Kino)** diàn-yǐng
**finden** zhǎo-dào
**Finger** shǒu-zhǐ
**Fisch** yú
**Flasche** píng

**Flaschenöffner**
 píng-gài-qì-zi

**Fleisch** ròu

**fliegen** fēi

**Flughafen** fēi-jī-chǎng

**Flughafengebühr**
 jī-chǎng-fèi

**Flugplan**
 fēi-xíng shí-jiān-biǎo

**Flugschein** fēi-jī-piào

**Flugzeug** fēi-jī

**Fluss** hé; jiāng

**folgen** gēn; cóng

**Formular** biǎo-gé

**Fotoapparat** zhào-xiàng-jī

**fotografieren** zhào-xiàng

**Frage** wèn-tí

**fragen** wèn

**Französisch** fǎ-wén

**Frau (Ehefrau)** qī-zi

**Frauen** nǚ-rén

**Fräulein (höfl. Anrede)**
 xiǎo-jiě

**Fräulein (Mädchen)**
 gū-niang

**Freiheit** zì-yóu

**Freundschaft** yǒu-hǎo

**Frisör(in)** lǐ-fà-diàn; lǐ-fà-shī

**froh** gāo-xìngde

**Frühjahr** chūn-tiān

**Frühstück** zǎo-cān

**frühstücken** chī-zǎo-cān

**Fuß** jiǎo

**Fußball(spiel)** zú-qiú(-sài)

### G

**Gabel** chǐ-zi

**Galle** dǎn

**ganz** quán-bùde

**ganz (Adverb)** wán-quán

**Garten** huā-yuán

**Gast** kè-rén

**Gastgeber** zhǔ-rén

**Gebäck** bǐng-gān; diǎn-xin

**Gebäude** lón(-fang)

**geben** gěi ⇨ *Es gibt nicht.*
 *= Méi yǒu.; Es gibt. = Yǒu.*

**Geburtsdatum**
 chū-shēng-rì-qī

**Gedanke** sī-xiǎng

**gefährlich** wēi-xiǎnde

**Geflügel** jiā-qín

**Gegend** dì-qū

**gehen** xíng ⇨ *Das geht*
 *nicht. = Zhè bù xíng.*

**gehen (fort-, hin-)** qù; zǒu

**gehen, zu Fuß** zǒu-lù

**Gelenk** guān-jié

**Geld** qián

**Geld wechseln** duì huàn

**Gelegenheit** jī-huì

**Gemüse** shū-caì

**Genitalien** xìng-qì-guān

**Genosse/-in** tóng-zhì

**Gepäck** xíng-li

**Gepäckservice** xíng-li fu-wu

**geradeaus** yī-zhí

**Geschäftsmann/-frau**
 shēng-yi-rén

**geschehen** fā-shēng

**Geschenk** lǐ-wù

**Geschlechtskrankheit**
 ..xìng-bìng

**Geschichte** lì-shǐ

**geschlossen (Geschäft)**
 guān-mén

**Geschmack** wèi-dao

**Gesicht** liǎn

**Gespräch** tán-huà

**gestern** zuó-tiān

**gesund** jiàn-kāng(de)

**Gesundheit** jiàn-kāng

**Getränk** yǐn-liào

**Glas** bō-li-bēi

**glauben (meinen)** yǐ-wéi

**glauben (Religion)** xìn

**glauben (vertrauen)**
 xiāng-xìn

**glücklich** xìng-fúde

**Glühbirne** dēng-pào

**Gott** shàng-dì

**Grammatik** yǔ-fǎ

**Granatapfel** shí-liu

**grausam** cán-bàode

**groß** dà

**großartig (erstaunlich)**
 liǎo-bu-qǐde

**großartig (mächtig)**
 wēi-dàde

**Größe (Körper-)** gāo-dù

**Größe (Macht)** wěi-dà

**Grundschule** xiǎo-xué

**Gruß** wèn-hòu

**gut** hǎo

### H

**Haar** tóu-fa

**haben** yǒu

**Hafen** gǎng-kǒu

**halb** yí-bàn(de)

**Hälfte** yí-bàn

**Hals** bó-zi

**halten (stoppen)** tíng

**Hand** shǒu

**Handtuch** máo-jīn

**Handwerker** jì-gōng

**Haschisch** dú-ma

**hässlich** chǒu

**hässlich (zu hören)**
nán-tīng

**hässlich (zu sehen)**
nán-kàn

**Hauptstraße**
zhǔ-yào jiē-dào

**Haus** fáng-zi

**Haut** pí-fū

**Heimat** zǔ-guó

**heiraten** jié-hūn

**heiß** rè

**Heizung** nuǎn-qì

**helfen** bāng-zhù

**hell** liàng

**Hemd** chèn-shān

**her(kommen)** lái

**herabsteigen** xià

**Herbst** qiū-tiān

**herein!** jìn-lái!

**Herr (Anrede)** xiān-sheng

**Herz** xīn-zàng

**heute** jīn-tiān

**hier** zhè-li

**Hilfe** bāng-zhù

**Himmel** tiān

**hinaufgehen** shàng

**hinausgehen** zǒu-chū-qù

**hinten** zài hòu-mian

**hinter** hòu-miande

**hinterlassen (Nachricht)**
liú-huà

**hinterlassen (Notiz)**
liú-tiáo

**hoch** gāo

**Hochschule** dà-xué

**Hochzeit** hūn-lǐ

**hoffen** xī-wàng

**Höhe** gāo-dù

**holen** qǔ

**Honigmelone** hā-mì-guā

**hören** tīng

**Hose** kù-zi

**Hotel** fàn-diàn; bīn-guǎn;
lǚ-guǎn

**hübsch** piào-liangde,
hǎo-kàn

**Hügel** xiǎo-shān

**Huhn** jī

**Hunger** jiè

**hungrig** è

**Hut** mào-zi

## I

**IDD-Call**
guó-jì zhí-bò diàn-huà

**immer** zǒng-shì; lǎo-shi

**Ingenieur/-in**
gōng-chéng-shī

**Inhalt** nèi-róng

**innen** zài nèi-bu/lǐ-mian

**Innenstadt** shì-zhōng-xīn

**Insel** dǎo-yǔ

**insgesamt** quán-bù

**interessant** yǒu-yì-sīde

**international** guó-jìde

**Internet** yīn-tè-wǎng

**Internet-Café** wǎng-bā

**irgendeine(r)** mǒu-yí-ge

## J

**ja** shì-de

**Jacke** duǎn-wài-yī

**Jade (Waren)** yù(-qì)

**Jahr** nián

**jedoch** kě-shì

**jene(r, -s)** nà-ge

**jetzt** xiàn-zài

**Journalist(in)** jì-zhě

**jucken** yǎng

**jung** nián-qīng(de)

**Junge** nán-hái-zi

**Jurte** měng-gǔ-bāo

## K

**Kaffee** kā-fēi

**Kaiser** huáng-dì

**Kakao** kě-kě

**kalt** lěng

**Kamm** shū-zi

**Kartoffel** tǔ-dòu

**Käse** nǎi-lào

**kaufen** mǎi

**Kaufhaus**
bǎi-huò gōng-sī

**Kellner** fú-wù-yuán

**kennen** rèn-shi; zhī-dao

**Keramik** táo-qì

**Kiefer** hé (sāi-bang-zi)

**Kind (allg.)** xiǎo-hái

**Kind (eigenes)** hái-zi

**Kino** diàn-yǐng-yuàn

**Kirche** jiào-táng

**Kirsche** yīng-táo

**Kleid (traditionell)** qí-páo

**Kleid (westl. Stil)** wài-yī

**klein** xiǎo

**Kleingeld (Münze)** yìng-bì

**Klima** qì-hou

**Kloster (chin.)** sì-yuàn

**Kloster (christl.)**
xiū-dào-yuàn

**Knie** xī-gài

**Knochen** gú-tou

**Knopf** niǔ-kòu

**kochen** zhǔ

**Koffer** xiāng-zi

**kommen (her-)** lái

**Kommunismus**
 gòng-chǎn-zhǔ-yì
**kompliziert** fù-záde
**können (erlaubt sein)** kě-yǐ
**können (erlernt)** huì
**können (im Stande)** néng
**Konsulat** lǐng-shì-gǔan
**Konzert** yīn-yuè-huì
**Kopf** tóu
**Kopfkissen** zhěn-tóu
**Körper** shēn-tǐ
**Kosten** fēi-yòng
**krank** bìng(-le)
**Krankenhaus** yī-yuàn
**Krankenschwester** hù-shi
**Küche** chú-fáng
**Kuchen** dàn-gāo
**Kugelschreiber** yuán-zhu-bǐ
**kurz** duǎn
**küssen** wěn

## L

**lächeln** wēi-xiào
**lachen** xiào
**Lackwaren** qī-qì
**Laden (Geschäft)**
 shāng-diàn
**Laden (Kiosk)** xiǎo-mài-bù
**Lampe** dēng
**landen (Flugzeug)** jiāng-luò
**Landschaft** fēng-jǐng
**Landweg** lù-lù
**Landwirtschaft** nóng-yè
**lang** cháng
**langsam** màn
**Lastwagen** kǎ-chē
**laufen** pǎo-bù
**laut** gāo-shēngde;
 dà-shēngde

**leben** shēng-huó
**Leben** shēng-huó
**Leber** gān-zàng
**leer** kōng
**legen** fàng-xià
**Lehrer/-in** lǎo-shī
**Lehrling** xué-tú
**leicht (Aufgabe)** jiǎn-dān
**leicht (Gewicht)** qīng
**leihen** jiē
**Leihgebühr** zū-jīn
**lernen** xué-xí
**lesen** dú
**letzte(r)** zuì hòude
**Licht** guāng; dēng
**Licht (elektr.)** dēng-huǒ
**Liebe** liàn-ài; rè-ài
**lieben** ài
**Lied** gē-qǔ
**Limonade** qì-shuǐ
**links** zuǒ(-biān)
**Literatur** wén-xué
**Litschi** lì-zhī
**Löffel** sháo-zi
**Luftpost** háng-kōng
**Lüge** huǎng-yán
**lügen** sā-huǎng
**Lunge** fèi

## M

**machen** zuò
**Mädchen** nǚ-hái-zi
**Magen** wèi
**Mahlzeit** cān
**Mama** mā-ma
**Manager** jīng-lǐ
**manchmal** yǒu-shí
**Mandarine** jú-zi
**Mann (allg.)** nán-rén

**Mann (Ehemann)** zhàng-fu
**Mantel** wài-tào
**Markt** shì-chǎng
**Marmelade** guǒ-jiàng
**Massage** àn-mó
**Massage (tradition.)** tuī-ná
**Material (Werkstoff)**
 cái-liào
**Medikament** yào(-pǐn)
**Meer** hǎi
**mehr** gèng-duō
**meinen** yǐ-wéi
**Meinung** yì-jiàn; kàn-fa
**Mensch** rén
**Messer** dāo
**Meter** mǐ
**mieten** zū
**Milch** niú-nǎi
**Minderheit (nationale)**
 shǎo-shù mín-zu
**Mineralwasser**
 kuàng-quán shuǐ
**Minute** fēn-zhōng
**mitfahren (im Auto)**
 zuò-chē
**Mittag essen** chī-wǔ-fàn
**Mittagessen** wǔ-cān
**mittags** zhōng-wǔ
**Mobiltelefon** shǒu-jī;
 yí-dòng diàn-huà
**mögen** xǐ-huan
**möglich** kě-néng
**Monat** yuè
**Mond** yuè-liàng
**morgen** míng-tiān
**Morgen** zǎo-chén
**Moschee** qīng-zhen-sì
**Moskitonetz** wén-zhàng
**Moskitospirale** wén-xiāng
**Motorrad** mó-tuō-chē

**Mücke** wén-zi
**Müll** lā-jī
**Mund** zuĭ
**Museum** bó-wù-guăn
**Musik** yīn-yuè
**Muskel** jī-ròu
**Mutter** mŭ-qīn

**N**

**nachmittags** xià-wŭ
**nächste(r, -s)** zuì jìnde
**nachher** yī-hòu
**Nacht** wăn-shang; yè
**Nachtmarkt** yè-shì
**Nadel** zhēn
**nahe** jìn; bù jiŭde
**Name** xìng-míng
**Nase** bí-zi
**Nebel** wù
**Nebenhöhle** bí-dòu
**nehmen (bekommen)** qu
**nehmen (ergreifen)** ná
**nein** bù
**nett (hübsch)** piào-liangde
**nett (liebenswert)** kĕ-àide
**neu** xīn
**nie** yŏng-bù; cóng-wèi
**niedrig** dī
**Niere** shèn-zàng
**noch** shàng; hái
**normal** zhèng-chángde
**Nudeln (gebraten)** chăo-miàn
**Nummer** hào-mă
**nur** zhĭ
**nützlich** yŏu-yòng
**nutzlos** méi-yòngde

**O**

**ob** shì-fŏu
**oben** shàng-mian
**Obst** shuĭ-guŏ
**obwohl** sūi-rán
**oder** huò-zhĕ
**offen** dă-kāide
**öffnen** dă-kāi
**öffnen (die Tür)** kāi-mén
**oft** jīng-cháng
**ohne** méi-yŏu
**Ohr** ĕr-duo
**Omnibus** gōng-gòng qì-chē
**Oper** gē-jù
**Operator** zŏng-jī
**Orange** chéng-zi
**Ort** dì-fāng
**Osten** dōng-fāng
**östlich** dōng-fāngde

**P**

**paar** jĭ-ge
**Paar (ein)** yí-duì; yì-shuāng
**Päckchen** xiăo-yóu-bāo
**Paket** bāo-guŏ
**Paketklebeband** yóu-bāo-jiāo-dài
**Pandabär** dà-xióng-māo
**Papier** zhĭ
**Partei** zhèng-dăng
**Pass** hù-zhào
**passen (eignen)** hé-shì
**Pause** xiū-xi
**Persimone (Obst)** shì-zi
**Pfeffer** hú-jiāo
**Pfirsich** táo-zi
**Pflaume** lĭ-zi
**Pfund** bàng

**Platz (Stadt)** guăng-chăng
**Platz (Sitz)** zuò-wèi
**Politik** zhèng-zhì
**Polizei** jĭng-chá
**Porzellan** cí-qì
**Postamt** yóu-jú
**Preis** jià-gé
**prima** tóu-dĕngde
**prima, wirklich ...!** zhēn-bàng!
**Problem** wèn-tí
**produzieren** shēng-chăn
**Programm** qié-mù
**Prost!** gān bēi!
**Provinz** shĕng
**prüfen (überprüfen)** jiăn-chá
**Pullover** máo-yī
**Puppentheater** mù-ŏu-xì

**Q**

**Quadrat** píng-fāng
**Qualität** zhì-liàng
**Quatsch** hú-shuō
**Quittung** fā-piào

**R**

**Radio** shōu-yīn-jī
**Rasierapparat** diàn-dòng tì-diāo
**Rat** jiàn-yì
**raten (vorschlagen)** jiàn-yì
**Ratte** lăo-shŭ
**rauchen** chōu-yān
**Räucherstäbchen** xiāng
**Rauschgift nehmen** xī-dú
**Rechnung** fā-piào
**rechts** yòu(-bian)

Rechtsanwalt(in) lǜ-shī
Regen yǔ
Regenmantel yǔ-yī
Regenschirm yǔ-sǎn
registrieren (eintragen) dēng-yì
reich fù
reinigen gān-xī
Reis (gebraten) chǎo-fàn
Reis (gekocht) mǐ-fàn
Reise lǚ-xíng
Reisebüro lǚ-xíng-shè
Reisepass lǚ-xíng hù-zhào
Reisescheck lǚ-xíng zhī-piào
Religion zōng-jiào
reparieren xiū-lǐ
reservieren yù-dìng
Restaurant fàn-guǎn
Rezeption fú-wù-tái
richtig duì
Richtung fāng-xiàng
Rind niú
Rindfleisch niú-ròu
Rock qún-zi
roh (Gemüse) shēng
Rollbild huà-zhóu
Roman xiǎo-shuō
Rotwein hóng pú-táo-jiǔ
Rücken bèi
Rückfahrkarte lái-huí-piào
Rückreise huí-chéng
Ruderboot huá-tǐng
ruhig (still) jìng-zhǐde
Rührei chǎo-jī-dàn
Rundfahrt huán-yóu
Rundfunk guǎng-bō
Russisch (Sprache) é-yǔ
Russland Éguó

## S

Sache (Angelegenheit) shì-qing
Sache (Ding) dōng-xi
Saft guǒ-zhī
sagen shuō
salzig xián
Sandalen liáng-xié
satt bǎo
sauber gān-jìng(de)
sauer (Geschmack) suān
schade kě-xīde
Schaden sǔn-shī
Scheck zhī-piào
Schere jiǎn-dāo
Schiff chuán
Schirm yǔ-sǎn
Schlafanzug shuì-yī
schlafen shuì-jiào
schlagen dǎ
Schlange shé
schlank xì-chángde
schlecht huài
schlimm (böse) bù-hǎo
schlimm (Pech) zāo-gāode
Schlüssel yào-shi
schmecken, gut hǎo-chī
Schmerzen tòng
Schmuck shǒu-shi
schmutzig zāng
Schnaps shāo-jiǔ; bái-jiǔ
Schneider(in) cái-feng
schnell kuài
Schnellzug kuài-chē
Schnupfen liú-bí-tì
schön měi(-lide)
schreiben xiě
schreien jiào-hǎn
Schuhe xié

Schule xué-xiào
Schüler(in) (7–12 Jahre) xiǎo-xué-shēng
Schüler(in) (ab 13 Jahre) zhōng-xué-shēng
Schulter jiān
schwach ruò
Schwein zhū
Schweinefleisch zhū-ròu
Schweiz ruì-shì
schwer (Gewicht) zhòng
schwierig fù-záde; nán
schwimmen yóu-yǒng
Seeweg hǎi-yùn
sehen kàn-jiàn
sehr hěn
Seide sī-chóu
Seife féi-zào
Seil chuán-lǎn
sein (sich befinden) zài
sein (Verb) shì
Sekretär(in) mì-shū
Sekunde miǎo
selbst zì-jǐ
selten (Umst.) shǎo-yǒu
seltsam qí-tède
setzen, sich zuò-xià
Shampoo xǐ-fà-jì
sicher ān-quánde
Silber yín
singen chàng
Sitzplatz zuò-wèi
Socken duǎn-wà
sofort mǎ-shàng
Sohn ér-zi
solch ein(e, -r) zhè-yàngde
Sommer xià-tiān
Sonne tài-yáng
spät wǎn
spazierengehen sàn-bu

**Speisekarte** cài-dān
**Speisesaal** cān-tīng
**Speisewagen** cān-chē
**spielen** wán
**Spielzeug** wán-jù
**Sport** yùn-dòng
**Sprache** yǔ-yán
**sprechen** shuō
**Stadt** chéng-shì
**Stadtplan** shì-qū dì-tú
**stark** qiáng(-zhuàng)
**Start** kāi-shǐ
**Steckdose** chā-zuò
**Stecker** chā-tóu
**stehenbleiben** tíng-zhù
**stehlen** tōu
**sterben** sǐ
**Stern** xīng
**Steuer** shuì
**steuerfrei** miǎn-shuìde
**stören** má-fan
**Strand** hǎi-tān
**Straße** mǎ-lù; jiē-dào
**Streichhölzer** huǒ-chái
**streiten, sich** chǎo-jià
**Student** dà-xué-shēng
**studieren** xué-xí
**Stuhl** yǐ-zi
**Stunde** xiǎo-shí
**Sturm** bào-fēng
**suchen** zhǎo
**Süden** nán-fāng
**Summe** zǒng-shù
**Suppe** tāng
**süß** tián
**Sympathie** tóng-qíng

## T

**Tag** bái-tiān
**täglich** měi-tiānde
**tanzen** tiào-wǔ
**Taoismus** dào-jiào
**Tasche** tí-bāo
**Taschenlampe** shǒu-diàn-tǒng
**Tasse** bēi
**Taxi** chūzū-chē
**Tee** chá
**Teil** bù-fen
**teilen** fēn-kāi
**Telefon** diàn-huà
**telefonieren** dǎ diàn-huà
**Telefongebühr** diàn-huà-fèi
**Telefonkarte** diàn-huà-kā
**Telegramm** diàn-bào
**Teller** pán-zi
**Tempel** miào-yǔ
**Tetanus** pò-shāng-fēng
**teuer** guì
**Theater** jù-yuàn
**tief** dī
**Tisch** zhuō-zi
**Tochter** nǚ-ér
**Toilette** cè-suǒ
**Toilettenpapier** wèi-shēng-zhǐ
**Tonwaren** táo-qì
**töten** shā-sǐ
**Tourist(in)** lǚ-yóu-zhě; yóu-kè
**Tradition (Gewohnheit)** xí-guàn
**Tradition (Sitten)** fēng-sú
**tragen** tí-jǔ
**Traube** pú-táo
**traurig** bēi-āide

**treffen, sich** jiàn-miàn
**Treppe** lóu-tī
**trinken** hē
**Trinkwasser** yǐn-yòng-shuǐ
**trocknen** shǐ-gān
**tun (machen)** zuò
**Tür** mén
**Tusche** mò

## U

**U-Bahn** dì-tiě
**übermorgen** hòu-tiān
**Übernachtung** guò-yè
**übersetzen** fān-yì
**Uhr** zhōng-biǎo
**Umgebung** huán-jìng
**umsonst (Umst.)** tú-láo
**umsteigen** huàn-chē
**unbedingt** jué-duìde
**und** yě-jí; bìng-qiě; hé
**Unfall** shì-gù
**Universität** dà-xué
**unmittelbar** zhí-jiēde
**unmöglich** bù-kě-néngde
**unnütz** wú-yòngde
**Unsinn** hú-nào
**unten** xià-mian
**unter** zài ... zhī-xià
**Unterschrift** qiān-míng
**Unterwäsche** nèi-yī
**unterwegs** zhōng-tú
**Urlaub** xiū-jià

## V

**Vater** fù-qīn
**Vaterland** zǔ-guó
**Ventilator** fēng-shàn
**verbieten** jìn-zhǐ

**verbinden** lián-xì
**vergessen** wàng-jì
**Vergnügen** yú-kuài
**verkaufen** mài
**Verkäufer** shòu-huò-yuán
**Verkehr** jiāo-tōng
**verlegen (Eig.)** láng-bèide
**verlieren** diū-shī
**verschieden** bù-tóngde
**versichern, sich** bǎo-xiǎn
**Versicherung** bǎo-xiǎn
**Verspätung** wǎn-diǎn
**verstehen** lǐng-dǒng
**viel (mehr, meist)**
 duō; xǔ-duōde
**vielleicht** yě-xǔ
**Visum** qiān-zhèng
**Vogel** niǎo
**voll** mǎn
**von** cóng
**vorgestern** qián-tiān
**vorher** yī-qián
**vormittags** shàng-wǔ
**Vorname** míng-zi
**Vorsicht** jǐn-shèn
**vorstellen** jiè-shào

**Wagen (Waggon)** chē-xiāng
**wählen (aus-)** xuǎn-zé
**wählen (Telefon)** bō
**während** zài ... de-shí-hou
**wahrscheinlich** kě-néngde
**wandern** tú-bù lǚ-xíng
**wann?** shénme shí-hou?
**warm** nuǎn
**was?** shénme?
**Wäsche** xǐ-dí
**waschen** xǐ

**Wasser** shuǐ
**Wasserfall** pù-bù
**Wassermelone** xī-guā
**wechseln (Geld)** duì-huàn
**wecken** jiào-xǐng
**Wecker** nào-zhōng
**Weckruf** jiào-zǎo
**weiblich** nǚ-xìngde
**weich** ruǎn
**weinen** kū
**weit (breit)** kuān
**weit (weg)** yuǎn
**welche(r, -s)?** nǎ-ge?
**Welt** shì-jiè
**wenig** shǎo
**wer?** shuí?
**werden** chéng-wéi
**Wertpaket** bǎ-zhi yóu-bāo
**weshalb?** wèi-shénme?
**Westen** xī-fāng
**Wetter** tiān-qì
**wichtig** zhòng-yàode
**wie?** zěn-yàng
**wieder** yòu; zài-cì
**wie viel?** duōshao?
**wie viel? (bis 10)** jǐ?
**Wind** fēng
**Winter** dōng-tiān
**wirklich** zhēn-shíde
**wissen** zhī-dao
**Wissenschaftler/-in**
 kē-xué-jiā
**wissenschaftlich** kē-xuéde
**Witz** xiào-hua
**wo?** zài nǎ-li?
**Woche** xīng-qī
**woher?** cóng nǎ-li?
**wohin?** qù nǎ-li?
**Wolldecke** máo-tǎn
**Wort** cí

**wunderbar (toll)** jí-miàode
**wünschen (gratulieren)**
 zhù
**Wurst** xiāng-cháng

**zahlen** fù-kuǎn; fù-qián
**Zahn** yá(-chǐ)
**Zahnarzt** yá-yī
**Zeh** jiǎo-zhǐ
**zeigen** zhǐ-shì
**Zeit** shí jiān
**Zeitschrift** zá-zhì
**Zeitung** bào-zhǐ
**Zigarette** xiāng-yān
**Zimmer** fáng-jiān
**Zitrone** níng-méng
**zögern** chóu-chú
**zollfrei** miǎn-shuì
**Zoo** dòng-wù-yuán
**Zucker** táng
**zufällig** ǒu-ránde
**Zug** huǒ-chē
**Zunge** shé-tou
**zurückgehen/-kehren**
 huí-qù
**zusammen** yì-qǐ
**zusätzlich** fù-jiāde
**Zutaten** pèi-liào
**Zweck** mù-dì
**zweifeln** huái-yí

# Das komplette Programm zum Reisen und Entdecken von
# REISE KNOW-HOW

- **Reiseführer** – alle praktischen Reisetipps von kompetenten Landeskennern

- **CityTrip** – kompakte Informationen für Städtekurztrips

- **CityTrip<sup>PLUS</sup>** – umfangreiche Informationen für ausgedehnte Städtetouren

- **InselTrip** – kompakte Informationen für den Kurztrip auf beliebte Urlaubsinseln

- **Wohnmobil-Tourguides** – alle praktischen Reisetipps für Wohnmobil-Reisende

- **Wanderführer** – exakte Tourenbeschreibungen mit Karten und Anforderungsprofilen

- **KulturSchock** – Orientierungshilfe im Reisealltag

- **Kauderwelsch Sprachführer** – vermitteln schnell und einfach die Landessprache

- **Kauderwelsch plus** – Sprachführer mit umfangreichem Wörterbuch

- **world mapping project™** – aktuelle Landkarten, wasserfest und unzerreißbar

- **Edition REISE KNOW-HOW** – Geschichten, Reportagen und Abenteuerberichte

# Wörterliste Chinesisch – Deutsch

## A

**ài** lieben
**ài-zī-bìng** AIDS
**àn** dunkel
**ān-huī** Provinz Anhui
**àn-mó** Massage
**ān-pái** arrangieren
**ān-quánde** sicher
**ào-dì-lì** Österreich
**ào-mén** Macao

## B

**bǎi-huò gōng-sī** Kaufhaus
**bái-jiǔ** Schnaps
**bái-tiān** Tag
**bàng** Pfund
**bāng-zhù** Hilfe; helfen
**báo** dünn (Sachen)
**bǎo** satt
**bào-fēng** Sturm
**bāo-guǒ** Paket
**bǎo-xiǎn** Versicherung;
  sich versichern
**bào-zhǐ** Zeitung
**bǎo-zhí-yóu-bāo** Wertpaket
**bèi** Rücken
**bēi** Tasse
**bēi-āide** traurig
**běi-jīng** Provinz Peking
**bèn** dumm
**bí-dòu** Nasennebenhöhlen
**bǐ-rú** etwa (beispielsweise)
**bì-yùn-yào** Antibabypille
**bí-zi** Nase
**biàn-yā-qì** Adapter

**biǎo-gé** Formular
**biéde** andere
**bīn-guǎn** Hotel
**bìng(-le)** krank
**bǐng-gān** Gebäck
**bīng-qí-lín** Eiskrem
**bìng-qiě** und
**bō** wählen (Telefon)
**bó** dünn (Dinge)
**bō-li-bēi** Glas
**bō-luó** Ananas
**bó-wù-guǎn** Museum
**bó-zi** Hals
**bù** nein
**bù jiǔde** nahe
**bù-fen** Teil
**bù-hǎo** schlimm (böse)
**bù-jiǔ** bald
**bù-kě-néngde** unmöglich
**bù-tóngde** verschieden

## C

**cài-dān** Speisekarte
**cái-feng** Schneider(in)
**cái-liào** Material (Stoff)
**cān** Mahlzeit
**cán-bàode** grausam
**cān-chē** Speisewagen
**cān-guān** Besichtigung
**cān-jù** Besteck
**cān-tīng** Speisesaal
**cǎo-méi** Erdbeere
**cè-suǒ** Toilette
**chá** Tee
**chà-bu-duō** fast (ungefähr)
**chā-tóu** Stecker

**chā-zi** Gabel
**chā-zuò** Steckdose
**cháng** lang
**chàng** singen
**cháng-cháng** oft
**cháng-tú diàn-huà**
  Ferngespräch
**cháng-zi** Darm
**cháo-dài** Dynastie
**chǎo-fàn** Reis (gebraten)
**chǎo-jià** streiten, sich
**chǎo-jī-dàn** Rührei
**chǎo-miàn**
  Nudeln (gebraten)
**chē-piào** Fahrkarte
**chē-xiāng** Waggon; Abteil
**chèn-shān** Hemd
**chéng chē** fahren
**chéng-nián-rén**
  Erwachsener
**chéng-shì** Stadt
**chéng-wéi** werden
**chéng-zi** Orange
**chī-fàn** essen
**chī-wǔ-fàn** Mittag essen
**chī-zǎo-cān** frühstücken
**chōng(-xǐ)** entwickeln (Film)
**chǒu** hässlich
**chóu-chú** zögern
**chōu-yān** rauchen
**chú-fáng** Küche
**chū-jìng** Ausreise
**chū-kǒu** Ausgang
**chū-shēng-rì-qī**
  Geburtsdatum
**chū-zū-chē** Taxi
**chuán** Schiff

# Wörterliste Chinesisch – Deutsch

**chuán-lǎn** Seil
**chuáng** Bett
**chuāng-hu** Fenster
**chuáng-shang yòng-pǐn**
 Bettwäsche
**chūn-tiān** Frühjahr
**cí** Wort
**cí-qì** Porzellan
**cóng** folgen
**cóng** von
**cóng nǎ-li** woher?
**cóng-wèi** nie
**cūn-zhuāng** Dorf
**cuò** falsch (schlecht)

## D

**dà** groß
**dǎ** schlagen
**dǎ diàn-huà** telefonieren
**dǎ-kāi** öffnen
**dǎ-kāide** offen
**dà-shēngde** laut
**dà-shǐ-guǎn** Botschaft
**dà-xióng-māo** Pandabär
**dà-xué** Universität
**dà-xué-shēng** Student
**dà-yuē** etwa (ungefähr)
**dài-fu** Arzt/Ärztin
**dǎn** Galle
**dǎo-yǔ** Insel
**dān-dúde** allein
**dàn-gāo** Kuchen
**dān-rén fáng-jiān**
 Einzelzimmer
**dàn-shì** aber
**dāo** Messer
**dào** ankommen; nach; zu
**dào-dá** ankommen; Ankunft
**dào-jiào** Taoismus

**dǎo-yǔ** Insel
**dé-dào** bekommen
**dé-guó** Deutschland
**dé-yǔ** Deutsch (Sprache)
**dēng** Lampe; Licht
**dēng-huǒ** Licht
**dēng-pào** Glühbirne
**dēng-yì** registrieren
**dī** niedrig; tief
**dì-fāng** Ort
**dì-qū** Gegend
**dì-tiě** U-Bahn
**dì-yī** erstens
**dì-yī-cì** erstmals
**dì-zhèn** Erdbeben
**dì-zhǐ** Adresse
**diàn-bào** Telegramm
**diàn-chí** Batterie
**diàn-dòng tì-diāo**
 Rasierapparat
**diàn-huà** Telefon
**diàn-huà-fèi** Telefongebühr
**diàn-huà-kǎ** Telefonkarte
**diàn-nǎo** Computer
**diàn-qìde** elektrisch
**diàn-qì-jiē-tóu** Adapter
**diàn-shì-jī** Fernseher
**diàn-tī** Fahrstuhl
**diǎn-xin** Gebäck
**diàn-yǐng** Film (Kino)
**diàn-yǐng-yuàn** Kino
**diàn-zǐ yóu-jiān** E-Mail
**diū-shī** verlieren
**dōng-fāng** Osten
**dōng-fāngde** östlich
**dòng-shēn chū-fā** abreisen
**dōng-tiān** Winter
**dòng-wù-yuán** Zoo
**dōng-xi** Ding; Sache
**dòu-liú** Aufenthalt

**dú** lesen
**dù-jià** Ferien verbringen
**dú-ma** Haschisch
**dú-pǐn** Droge
**dú-yǐn** drogensüchtig
**dù-zi** Bauch
**duǎn** kurz
**duǎn-wà** Socken
**duǎn-wài-yī** Jacke
**duì** richtig
**duì huàn** Geld wechseln
**duì-bu-qǐ!** Entschuldigung!
**duō** viel
**duōshao** wie viel?

## E

**è** hungrig
**é-guó** Russland
**é-luó-sī** Russland
**é-yǔ** Russisch (Sprache)
**ěr-duo** Ohr
**ér-zi** Sohn

## F

**fǎ-guó** Frankreich
**fā-piào** Quittung
**fā-shāo** Fieber
**fā-shēng** geschehen
**fǎ-wén** Französisch
**fā-xìn-rén** Absender
**fā-yīn** Aussprache
**fàn-cài** Essen
**fàn-diàn** Hotel
**fàn-guǎn** Restaurant
**fān-yì** übersetzen
**fáng-jiān** Zimmer
**fàng-xià** legen
**fāng-xiàng** Richtung

# Wörterliste Chinesisch – Deutsch

**fáng-zi** Haus
**fēi** fliegen
**fèi** Lunge
**fēi-jī** Flugzeug
**fēi-jī-chǎng** Flughafen
**fēi-jī-piào** Flugschein
**fēi-xíng shí-jiān-biǎo** Flugplan
**fēi-yòng** Kosten
**féi-zào** Seife
**fēn-kāi** teilen
**fēn-zhōng** Minute
**fēng** Wind
**fēng-jǐng** Landschaft
**fēng-shàn** Ventilator
**fēng-sú** Tradition (Sitten)
**fó-jiào** Buddhismus
**fù** reich
**fù-jiāde** zusätzlich
**fú-jiàn** Provinz Fujian
**fù-kuǎn** zahlen
**fù-mǔ** Eltern
**fū-qī** Ehepaar
**fù-qīn** Vater
**fù-qián** bezahlen; zahlen
**fú-wù** Bedienung
**fú-wù-tái** Rezeption
**fú-wù-yuán** Kellner
**fù-záde** kompliziert

## G

**gān bēi!** Prost!
**gǎn-jǐn** sich beeilen
**gǎn-jìng(de)** sauber
**gǎn-mào** sich erkälten; Erkältung
**gān-sù** Provinz Gansu
**gān-xǐ** reinigen
**gǎn-xiède** dankbar

**gān-zàng** Leber
**gǎng-kǒu** Hafen
**gāo** hoch
**gāo-dù** Größe; Höhe
**gāo-shēngde** laut
**gào-su** erzählen
**gāo-xìngde** froh
**gào-zhī** benachrichtigen
**gē-jù** Oper
**gē-qǔ** Lied
**gěi** geben
**gēn** folgen
**gèng hǎode** besser
**gèng-duō** mehr
**gòng-chǎn-zhǔ-yì** Kommunismus
**gōng-chǎng** Fabrik
**gōng-chéng-shī** Ingenieur/-in
**gōng-gòng qì-chē** Bus
**gōng-gòng qì-chē-zhàn** Bushaltestelle
**gōng-rén** Arbeiter
**gōng-zuò** Arbeit; arbeiten
**gǔ-dǒng** Antiquität
**gū-niang** Mädchen
**gú-tóu** Knochen
**gǔ-wán** Antiquität
**guān-jié** Gelenk
**guān-mén** geschlossen
**guàn-tou** Dose
**guàn-tou-qī-zi** Dosenöffner
**guāng** Licht
**guāng-bō** Rundfunk
**guǎng-chǎng** Platz (Stadt)
**guǎng-dōng** Provinz Kanton
**guǎng-xī** Provinz Guangxi
**guì** teuer
**guī-dìng yǐn-shí** Diät
**guì-zhōu** Provinz Guizhou

**guǒ-jiàng** Marmelade
**guó-jìde** international
**guó-jī zhí-bò diàn-huà** IDD-Call
**guò-mǐn** allergisch
**guò-yè** Übernachtung
**guǒ-zhī** Saft

## H

**hā-mì-guā** Honigmelone
**hai** auch
**hái** noch
**hǎi** Meer
**hài-pà** Angst
**hǎi-tān** Strand
**hǎi-yùn** Seeweg
**hái-zi** Kind (eigenes)
**háng-kōng** Luftpost
**hǎo** gut
**hǎo-chī** gut schmecken
**hǎo-de** gut; in Ordnung
**hǎo-kàn** hübsch
**hào-mǎ** Nummer
**hē** trinken
**hé** Fluss; und
**hé-lán** Niederlande
**hé-nán** Provinz Henan
**hé(-sāi-bang-zi)** Kiefer
**hé-shì** passen (sich eignen)
**hēi-lóng-jiāng** Provinz Heilongjiang
**hěn** sehr
**hěn kuài** bald
**hóng pú-táo-jiǔ** Rotwein
**hòu** dick (Sachen)
**hòu-lái** danach
**hòu-miande** hinter
**hòu-tiān** übermorgen
**hú-běi** Provinz Hubei

**hú-jiāo** Pfeffer
**hú-nán** Provinz Hunan
**hú-nào** Unsinn
**hù-shi** Krankenschwester
**hú-shuō** Quatsch
**hù-xiāng** einander
**hù-zhào** Pass
**huā-shēng** Erdnuss
**huá-tǐng** Ruderboot
**huā-yuán** Garten
**huà-zhóu** Rollbild
**huài** schlecht
**huái-yí** zweifeln
**huàn-chē** umsteigen
**huán-jìng** Umgebung
**huán-yóu** Rundfahrt
**huáng-dì** Kaiser
**huǎng-yán** Lüge
**huáng-yóu** Butter
**huì** können (erlernt)
**huí-chéng** Rückreise
**huí-dá** Antwort; antworten
**huí-qù** zurückgehen
**hūn-lǐ** Hochzeit
**huò … huò** entweder … oder
**huǒ-chái** Streichhölzer
**huǒ-chē** Eisenbahn; Zug
**huǒ-chē-zhàn** Bahnhof
**huò-zhě** oder

## J

**jī** Huhn
**jǐ** wie viel? (bis 10)
**jī-chǎng-fèi**
  Flughafengebühr
**jī-dàn** Ei
**jí-duānde** extrem
**jí-dùde** extrem
**jǐ-ge** paar

**jì-gōng** Handwerker
**jī-guān zhí-yuán** Beamte(r)
**jí-hǎode** ausgezeichnet
**jī-hū** fast (beinahe)
**jī-huì** Gelegenheit
**jí-lín** Provinz Jilin
**jí-miàode** wunderbar
**jì-niàn** Andenken
**jī-ròu** Muskel
**jì-suàn-jī** Computer
**jì-zhě** Journalist(in)
**jiǎ** falsch (unecht)
**jià-gé** Preis
**jià-qī** Ferien (Urlaub)
**jiā-qín** Geflügel
**jiǎ-rú** falls
**jiā-tíng** Familie
**jiān** Schulter
**jiǎn-chá** prüfen
**jiǎn-dān(de)** einfach
**jiǎn-dāo** Schere
**jiàn-kāng** Gesundheit
**jiàn-kāngde** gesund
**jiàn-miàn** treffen, sich
**jiàn-yì** Rat; raten
**jiāng** Fluss
**jiāng-luò** landen (Flugzeug)
**jiāng-sū** Provinz Jiangsu
**jiāng-xī** Provinz Jiangxi
**jiǎo** Fuß
**jiào-hǎn** schreien
**jiāo-juǎn** Film (Foto)
**jiào-táng** Kirche
**jiāo-tōng** Verkehr
**jiào-xǐng** wecken
**jiào-zǎo** Weckruf
**jiǎo-zhǐ** Zeh
**jiè** leihen
**jiè** Hunger
**jiē-dào** Straße

**jié-hūn** heiraten
**jiè-shào** vorstellen
**jiě-shì** erklären
**jié-shù** Ende; beenden
**jìn** nahe
**jìn-lái** herein!
**jǐn-shèn** Vorsicht
**jīn-tiān** heute
**jìn-zhǐ** verbieten
**jǐng-chá** Polizei
**jīng-cháng** oft
**jīng-lǐ** Manager
**jìng-zhǐde** ruhig (still)
**jiù** alt (nicht neu)
**jiǔ-bā** Bar
**jiù-chéng** Altstadt
**jù-yuàn** Theater
**jú-zi** Mandarine
**jué-dìng** entscheiden
**jué-duìde** unbedingt
**jūn-duì** Armee

## K

**kǎ-chē** Lastwagen
**kā-fēi** Kaffee
**kāi-chē** abfahren; Abfahrt;
  Auto fahren (selbst)
**kāi-mén** öffnen (die Tür)
**kāi-shǐ** Beginn; beginnen
**kàn-fa** Meinung
**kàn-jiàn** sehen
**kě-àide** nett (liebenswert)
**kě-kě** Kakao
**kě-néng** möglich
**kě-néngde** wahrscheinlich
**kè-rén** Gast
**kě-shì** jedoch; aber
**kě-xīde** schade
**kě-xuéde** wissenschaftlich

**kē-xué-jiā** Wissenschaftler/-in
**kě-yǐ** können (erlaubt sein)
**kōng** leer
**kǒu kě** Durst haben
**kū** weinen
**kù-zi** Hose
**kuài** schnell
**kuài-chē** Schnellzug
**kuài-zi** Eßstäbchen
**kuān** weit; breit
**kuàng-quán-shuǐ** Mineralwasser

### L

**lā-jī** Müll
**lái** kommen; herkommen
**lái-huí-piào** Rückfahrkarte
**láng-bèide** verlegen (Eig.)
**lǎo** alt (nicht jung)
**láo-dòng** Arbeit; arbeiten
**lǎo-shī** Lehrer/-in
**lǎo-shi** immer
**lǎo-shǔ** Ratte
**lěng** kalt
**lí** Birne
**lí-diǎn** Check-out
**lǐ-fà-diàn** Frisör(in)
**lǐ-fà-shī** Frisör(in)
**lì-shǐ** Geschichte
**lǐ-wù** Geschenk
**lì-zi** Litschi
**lǐ-zi** Pflaume
**liǎn** Gesicht
**liàn-ài** Liebe
**lián-xì** verbinden
**liǎng** beide (eigentl.: zwei)
**liàng** hell
**liáng-xié** Sandalen

**liǎo-bu-qǐde** großartig
**liáo-níng** Provinz Liaoning
**lín-yù** Dusche
**lǐng-shì-guǎn** Konsulat
**lìng-wài** andere
**liú-bí-tì** Schnupfen
**liú-huà** hinterlassen
**liú-tiáo** hinterlassen (Notiz)
**lóng-yǎn** Drachenauge (Obst)
**lóu(-fáng)** Gebäude
**lóu-tī** Treppe
**lǚ-guǎn** Hotel
**lù-lù** Landweg
**lǜ-shī** Rechtsanwalt(in)
**lǚ-xíng** Reise
**lǚ-xíng hù-zhào** Reisepass
**lǚ-xíng-shè** Reisebüro
**lǚ-xíng zhī-piào** Reisescheck
**lǚ-yóu-zhě** Tourist(in)

### M

**má-fan** stören
**mǎ-lù** Straße
**mā-ma** Mama
**mǎ-shàng** sofort
**mài** verkaufen
**mǎi** kaufen
**mǎi dōng-xi** einkaufen
**màn** langsam
**mǎn** voll
**máng-cháng-yán** Blinddarmentzündung
**máo-jīn** Handtuch
**máo-tǎn** Wolldecke
**máo-yī** Pullover
**mào-zi** Hut
**méi** nicht

**měi(-lìde)** schön
**měi-guó** USA
**měi-tiānde** täglich
**méi-yòngde** nutzlos
**méi yǒu** nicht haben; ohne
**mén** Tür
**měng-gǔ-bāo** Jurte
**mǐ** Meter
**mǐ-fàn** Reis (gekocht)
**mì-shū** Sekretär(in)
**miàn-bāo** Brot
**miǎn-shuì** zollfrei; steuerfrei
**miǎo** Sekunde
**miào-yǔ** Tempel
**míng-tiān** morgen
**míng-zi** Vorname
**mò** Tusche
**mó-tuō-chē** Motorrad
**mǒu-yí-ge** irgendeine(r)
**mù-dì** Zweck
**mù-ǒu-xì** Puppentheater
**mǔ-qīn** Mutter

### N

**ná** nehmen (ergreifen)
**nǎ-ge** welche(r, -s)?
**nà-ge** jene(r, -s)
**nà-li** dort
**nǎi-lào** Käse
**nán** schwierig
**nán-fāng** Süden
**nán-hái-zi** Junge
**nán-kàn** hässlich (zu sehen)
**nán-rén** Mann (allg.)
**nán-tīng** hässlich (zu hören)
**nào-zhōng** Wecker
**nèi-měng-gǔ** Provinz Innere Mongolei

**nèi-róng** Inhalt
**nèi-yī** Unterwäsche
**néng** können (im Stande)
**nián** Jahr
**nián-qīng(de)** jung
**niǎo** Vogel
**níng-méng** Zitrone
**níng-xià** Provinz Ningxia
**niú** Rind
**niǔ-kòu** Knopf
**niú-nǎi** Milch
**niú-ròu** Rindfleisch
**nóng-mín** Bauer
**nóng-yè** Landwirtschaft
**nǚ-ér** Tochter
**nǚ-hái-zi** Mädchen
**nǔ-lì** sich anstrengen
**nǚ-rén** Frauen
**nǚ-xìngde** weiblich
**nuǎn** warm
**nuǎn-qì** Heizung

**O**

**ǒu-ránde** zufällig
**oū-zhōu** Europa

**P**

**pán-zi** Teller
**pàng** dick (Menschen)
**páng-guān** Blase (Organ)
**pǎo-bù** laufen
**pèi-liào** Zutaten
**pí-fū** Haut
**pí-jiǔ** Bier
**pián-yi(de)** billig
**piaò-jià** Fahrpreis
**piào-liangde** nett; hübsch
**píng** Flasche

**píng-fāng** Quadrat
**píng-gài-qi-zi** Flaschenöffner
**píng-guǒ** Apfel
**pò-shāng-fēng** Tetanus
**pù-bù** Wasserfall
**pú-táo** Traube

**Q**

**qí zì-xíng-chē** Rad fahren
**qì-chē** Auto
**qì-chē-zǒng-zhàn** Busbahnhof
**qǐ-fēi** Abflug
**qì-hou** Klima
**qí-páo** Kleid (traditionell)
**qī-qi** Lackwaren
**qì-shuǐ** Limonade
**qí-tède** seltsam
**qī-zi** Ehefrau; Frau
**qián** Geld
**qiān-míng** Unterschrift
**qián-tiān** vorgestern
**qiān-zhèng** Visum
**qiáng(-zhuàng)** stark
**qié-mù** Programm
**qǐng** bitte; bitten
**qīng** leicht (Gewicht)
**qīng-hǎi** Provinz Qinghai
**qīng-zhen-sì** Moschee
**qióng** arm
**qiū-tiān** Herbst
**qù** gehen (fort-, hin-)
**qǔ** holen; bekommen
**qù-nǎ-li** wohin?
**quán-bù** insgesamt
**quán-bùde** ganz
**qún-zi** Rock

**R**

**rán-hòu** danach; dann
**rè** heiß
**rè-ài** Liebe
**rén** Mensch
**rèn-shi** kennen
**rì-qī** Datum
**ròu** Fleisch
**rù-chǎng-quàn** Eintrittskarte
**rù-guo** falls
**rù-jìng** Einreise
**rù-kǒu** Eingang
**ruǎn** weich
**ruì-shì** Schweiz
**ruò** schwach

**S**

**sā-huǎng** lügen
**sàn-bu** spazierengehen
**shā-sǐ** töten
**shān** Berg
**shān-dōng** Provinz Shandong
**shān-xī** Provinz Shanxi
**shàn-zi** Fächer
**shàng** auf; hinaufgehen; noch
**shàng chē** einsteigen
**shàng-dì** Gott
**shàng-diàn** Geschäft
**shàng-hǎi** Provinz Shanghai
**shàng-mian** oben
**shàng-wǎng** ins Netz gehen
**shàng-wǔ** vormittags
**shǎo** wenig
**shāo-jiǔ** Schnaps

**shǎo-shù mín-zu** Minderheit (nationale)
**shǎo-yǒu** selten (Umst.)
**sháo-zi** Löffel
**shé** Schlange
**shé-tou** Zunge
**shén-me** was?
**shén-me shí-hou** wann?
**shēn-qing** beantragen
**shēn-tǐ** Körper
**shèn-zàng** Niere
**shēng** roh (Gemüse)
**shěng** Provinz
**shēng-chǎn** produzieren
**shēng-huó** leben; Leben
**shēng-yi-rén** Geschäftsmann/-frau
**shì** sein (Verb)
**shì-chǎng** Markt
**shi-de** ja
**shì-fǒu** ob
**shǐ-gān** trocknen
**shì-gù** Unfall
**shí-jiān** Zeit
**shì-jiè** Welt
**shí-liu** Granatapfel
**shì-qing** Sache
**shì-qū dì-tú** Stadtplan
**shì-zhōng-xīn** Innenstadt
**shì-zi** Persimone
**shǒu** Hand
**shòu** dünn (mager)
**shǒu-bì** Arm
**shǒu-cì** erstmals
**shǒu-diàn-tǒng** Taschenlampe
**shòu-huò-yuán** Verkäufer
**shǒu-jī** Mobiltelefon
**shōu-jiàn-rén** Empfänger
**shǒu-shi** Schmuck

**shǒu-xiān** erstens
**shǒu-yīn-jī** Radio
**shǒu-zhǐ** Finger
**shù** Baum
**shū** Buch
**shū-cài** Gemüse
**shū-fu** bequem
**shū-shìde** angenehm
**shū-zi** Kamm
**shuā-zi** Bürste
**shuāng** doppelt
**shuāng-rén fáng-jiān** Doppelzimmer
**shuì** Steuer
**shuí** wer?
**shuǐ** Wasser
**shuǐ-guǒ** Obst
**shuì-jiào** schlafen
**shuì-yī** Schlafanzug
**shuō** sagen; sprechen
**shuō-míng** erklären
**sǐ** sterben
**sī-chóu** Seide
**sì-chuān** Provinz Sichuan
**sī-xiǎng** Gedanke
**sì-yuàn** Kloster
**suān** sauer (Geschmack)
**suí-rán** obwohl
**sǔn-shī** Schaden
**suǒ-yǒude** alle

## T

**tài-wān** Taiwan
**tài-yáng** Sonne
**tán-huà** Gespräch
**tǎn-zi** Decke (Bett)
**táng** Zucker
**tāng** Suppe
**táo-qì** Keramik; Tonwaren

**táo-zi** Pfirsich
**tè-bié-de** besonders
**tè-bié kuài-chē** Expresszug
**tí-bāo** Tasche
**tí-jǔ** tragen
**tián** süß
**tiān** Himmel
**tián-dì** Feld
**tiān-jīn** Provinz Tianjin
**tiān-qì** Wetter
**tiào-wǔ** tanzen
**tīng** hören
**tíng** halten (z.B. Auto)
**tīng-dǒng** verstehen
**tíng-zhǐ** aufhören
**tíng-zhǐ** stehenbleiben
**tòng** Schmerzen
**tóng-qíng** Sympathie
**tóng-yì** erlauben
**tóng-zhì** Genosse/-in
**tōng-zhī** benachrichtigen
**tōu** stehlen
**tóu** Kopf
**tóu-děngde** prima
**tóu-fa** Haar
**tú-bù lǚ-xíng** wandern
**tǔ-dòu** Kartoffel
**tú-láo** umsonst (Umst.)
**tuǐ** Bein
**tuì-fáng-shí-jiān** Check-out-Zeit
**tuī-ná** Massage (tradition.)

## W

**wài-bì duì-huàn-chù** Devisenumtausch
**wài-guó** Ausland
**wài-guó-rén** Ausländer
**wài-huì** Devisen

**wài-shì-chù** Ausländerabteilung
**wài-tào** Mantel
**wài-yī** Kleid (westl. Stil)
**wán** fertig; spielen
**wǎn** spät
**wǎn-cān** Abendessen
**wǎn-diǎn** Verspätung
**wǎn-fàn** Abendessen
**wán-jù** Spielzeug
**wán-quán** ganz (Adverb)
**wǎn-shang** abends; Nacht
**wǎng-bā** Internetcafé
**wàng-jì** vergessen
**wèi** Magen
**wěi-dà** Größe
**wěi-dàde** großartig
**wèi-dao** Geschmack
**wèi-kǒu** Appetit
**wèi-shénme** weshalb?
**wèi-shēng-zhǐ** Toilettenpapier
**wēi-xiǎnde** gefährlich
**wēi-xiào** lächeln
**wěn** küssen
**wèn** fragen
**wèn-hòu** Gruß
**wèn-tí** Frage; Problem
**wén-xué** Literatur
**wèn-xùn-chù** Auskunft
**wén-xiāng** Moskitospirale
**wén-zhàng** Moskitonetz
**wén-zi** Mücke
**wù** Nebel
**wǔ-cān** Mittagessen
**wú-yòngde** unnütz

**xǐ** waschen
**xī** dünn (z.B. ...-flüssig)
**xī-cān** Essen (westl.)
**xì-chángde** schlank
**xǐ-dí** Wäsche
**xī-dú** Rauschgift nehmen
**xǐ-fà-jì** Shampoo
**xī-fāng** Westen
**xī-gài** Knie
**xī-guā** Wassermeleone
**xí-guàn** Tradition
**xǐ-huan** mögen
**xī-wàng** hoffen
**xī-zàng** Tibet
**xǐ-zǎo** baden
**xǐ-zǎo-jiān** Badezimmer
**xià** herabsteigen
**xià chē** aussteigen
**xià-mian** unten
**xià-tiān** Sommer
**xià-wǔ** nachmittags
**xián** salzig
**xiàn-jīn** Bargeld
**xiān-sheng** Herr (Anrede)
**xiàn-zài** jetzt
**xiāng** Räucherstäbchen
**xiāng-cháng** Wurst
**xiāng-gǎng** Hongkong
**xiāng-jiāo** Banane
**xiāng-xìn** glauben
**xiāng-yān** Zigarette
**xiāng-zi** Koffer
**xiǎo** klein
**xiào** lachen
**xiǎo-hái** Kind (allgemein)
**xiào-hua** Witz
**xiǎo-jiě** Fräulein (höflich)
**xiǎo-mài-bù** Laden (Kiosk)

**xiǎo-shān** Hügel
**xiǎo-shí** Stunde
**xiǎo-shuō** Roman
**xiǎo-tōu** Dieb
**xiǎo-xué** Grundschule
**xiǎo-xué-shēng** Schüler(in)
**xiǎo-yóu-bāo** Päckchen
**xié** Schuhe
**xiě** schreiben
**xiè-dù** Durchfall
**xiè-xie** danke
**xìn** Brief; glauben (Religion)
**xīn** neu
**xīn-jiāng** Provinz Xinjiang
**xīn-zàng** Herz
**xīng** Stern
**xìng** Familienname; Aprikose
**xìng-bìng** Geschlechtskrankheit
**xìng-fúde** glücklich
**xíng-li** Gepäck
**xíng-li fú-wù** Gepäckservice
**xìng-míng** Name
**xīng-qī** Woche
**xìng-qì-guān** Genitalien
**xíng-shǐ shí-jiān-biǎo** Fahrplan
**xiōng** Brust
**xiū-dào-yuàn** Kloster
**xiū-jià** Urlaub
**xiū-lǐ** reparieren
**xiū-xi** Pause
**xiū-xi** ausruhen
**xǔ-duōde** viel (mehr, meist)
**xū-wěide** falsch (trügerisch)
**xū-yào** benötigen
**xuǎn-zé** wählen (aus-)
**xué-tú** Lehrling
**xué-xí** lernen; studieren

xué-xiào Schule
xuè-zhòng-dú
  Blutvergiftung

## Y

yá(-chǐ) Zahn
yá-yī Zahnarzt
yà-zhōu Asien
yán-cháng erneuern
yǎn-chū Aufführung
yān-huī-gāng
  Aschenbecher
yǎn-jing Auge
yán-sè Farbe
yǎng jucken
yào(-pǐn) Medikament
yào-diàn Apotheke
yāo-qǐng einladen
yào-shi Schlüssel
yè Nacht
yě auch
yě-jí und
yě-xǔ etwa; vielleicht
yè-shì Nachtmarkt
yí-bàn Hälfte
yí-bàn(de) halb
yí-cì einmal
yì-diǎn etwas
yí-dòng-diàn-huà
  Mobiltelefon
yí-duì Paar (ein)
yǐ-hòu nachher
yì-jiàn Meinung
yì-jian Beschwerde
yì-qǐ zusammen
yǐ-qián vorher
yī-shēng Arzt/Ärztin
yī-shuāng Paar (ein)

yì-sī Bedeutung
yǐ-wéi glauben; meinen
yì-xie etwas
yì-yì Bedeutung
yī-yuàn Krankenhaus
yì-zhí geradeaus
yǐ-zi Stuhl
yín Silber
yín-háng Bank
yǐn-liào Getränk
yīn-tè-wǎng Internet
yǐn-yòng-shuǐ Trinkwasser
yīn-yuè Musik
yīn-yuè-huì Konzert
yìng-bì Kleingeld (Hartgeld)
yīng-guó England
yīng-yǔ Englisch (Sprache)
yīng-táo Kirsche
yǒng-bù nie
yǒu haben; es gibt
yòu wieder
yóu-bāo-jiāo-dài
  Paketklebeband
yòu(-bian) rechts
yǒu-hǎo Freundschaft
yōu-huì Ermäßigung
yóu-jú Postamt
yóu-kè Tourist(in)
yóu-lǎn-jié-mù
  Ausflugsprogramm
yóu-piào Briefmarke
yǒu-shí manchmal
yǒu-yì-sīde interessant
yǒu-yòng nützlich
yóu-yǒng schwimmen
yú Fisch
yǔ Regen
yù(-qì) Jade (Waren)
yù-dìng reservieren
yǔ-fǎ Grammatik

yú-kuài Vergnügen
yǔ-sǎn Regenschirm
yǔ-yán Sprache
yǔ-yī Regenmantel
yuǎn weit (weg)
yuán-zhu-bǐ Kugelschreiber
yuè Monat
yuè-liàng Mond
yùn-dòng Sport
yún-nán Provinz Yunnan
yǔn-xǔ erlauben

## Z

zá-zhì Zeitschrift
zài sein (sich befinden)
zài ... de-shí-hou während
zài ... zhī-xià unter
zài-cì wieder
zài hòu-mian hinten
zài lǐ-mian innen
zài nǎ-li wo?
zài nèi-bu innen
zài wài-mian außen
zāng schmutzig
zǎo-cān Frühstück
zǎo-chén Morgen
zāo-gāode schlimm (Pech)
zǎo-zi Dattel
zěn-yàng wie?
zhàn-tái Bahnsteig
zhàn-xiàn besetzt (Telefon)
zhàng-fu Ehemann; Mann
zhǎo suchen
zhǎo-dào finden
zhào-xiàng fotografieren
zhào-xiàng-jī Fotoapparat
zhè bù xíng das geht nicht
zhè-ge diese(r, -s)

**zhè-li** hier
**zhè-yàngde** solch ein(e, -r)
**zhēn** Nadel
**zhēn-bàng** prima
**zhēn-jiǔ** Akupunktur
**zhēn-shíde** wirklich
**zhēn-zhèngde** echt
**zhěn-tou** Kopfkissen
**zhèng-chángde** normal
**zhèng-dǎng** Partei
**zhèng-zhì** Politik
**zhǐ** nur; Papier
**zhī-dao** kennen; wissen
**zhí-jiēde** unmittelbar
**zhì-liàng** Qualität
**zhī-piào** Scheck
**zhǐ-shì** zeigen
**zhí-yè** Beruf
**zhí-yuán** Angestellter
**zhōng** chinesisch
**zhòng** schwer
**zhōng-biǎo** Uhr

**zhōng-cān** Essen (chines.)
**zhōng-guó** China
**zhōng-tú** unterwegs
**zhōng-wén** Chinesisch
**zhōng-wǔ** mittags
**zhōng-xué-shēng**
  Schüler(in)
**zhòng-yàode** wichtig
**zhū** Schwein
**zhù** wünschen (gratulieren)
**zhǔ** kochen
**zhú-jiànde** allmählich
**zhù-míngde** berühmt
**zhǔ-rén** Gastgeber
**zhū-ròu** Schweinefleisch
**zhǔ-yào jiē-dào**
  Hauptstraße
**zhú-zi** Bambus
**zhuō-zi** Tisch
**zì-jǐ** selbst
**zì-xíng-chē** Fahrrad
**zì-yóu** Freiheit

**zòng** schwer (Gewicht)
**zǒng-jī** Operator
**zōng-jiào** Religion
**zǒng-shì** immer
**zǒng-shù** Summe
**zǒng-zhàn** Endhaltestelle
**zǒu** gehen (fort-, hin-)
**zǒu-chū-qù** hinausgehen
**zǒu-lù** gehen, zu Fuß
**zǔ-guó** Heimat; Vaterland
**zū-jīn** Leihgebühr
**zú-qiú(-sài)** Fußball(spiel)
**zuǐ** Mund
**zuì hòude** letzte(r)
**zuì jìnde** nächste(r, -s)
**zuò** machen; tun
**zuǒ(-biān)** links
**zuò-chē** mitfahren (im Auto)
**zuó-tiān** gestern
**zuò-wèi** Platz; Sitzplatz
**zuò-xià** sich setzen

**Notizen**

## Die Autoren

**M**arie-Luise Latsch und **Helmut Forster-Latsch,** beide Jahrgang 1950, arbeiteten vier Jahre lang in Peking, u. a. im Verlagswesen. Beide haben moderne chinesische Literatur ins Deutsche übersetzt, u. a. als Co-Übersetzer Werke des Nobelpreisträgers Gao Xingjian, und publizieren regelmäßig über verschiedene Themenbereiche, von der Alltagskultur der Han-Chinesen, Religion, nationalen Minderheiten in China bis hin zu ökonomischen und politischen Problemen.

Helmut Forster-Latsch hat zudem jahrelang Ostasien und Südasien privat als auch als Reiseleiter bereist und organisiert Reisen vornehmlich in die Himalaya-Region.